全国职业高等院校新形态教材

新编21世纪高等职业教育精品教材 · 通识课系列

职业形象与礼仪

汪双飞　编著

Professional Image and Etiquette

中国人民大学出版社
· 北京 ·

前言

PREFACE

习近平总书记在党的十大报告中提道："育人的根本任务在于立德""培养造就大批德才兼备的高素质人才，是国家和民族长远发展大计"。道德品质对一个人的成长至关重要。宋代司马光提出："才者，德之资也；德者，才之帅也。"这句话意思是说，在德与才的关系中，"德"是统领，"才"是辅助。良好的道德品质是当代大学生在社会主义现代化建设中建功立业的重要保证。

"人而无礼，焉以为德"（扬雄：《法言·问道》）启示我们文明有礼是一个人立身处世的前提，如果人不讲礼仪，就谈不上道德修养。

本书从现代礼仪发展的要求与高校礼仪教育的实际出发，结合外在形象与内在素养，将大道理融进小故事，深入浅出，强调技能的训练、突出内涵的修炼，提升学生的礼仪素养，以达到进德修身的目的。

一、本书特点

本书的特点是真、活、修、练。

1. 真是指真实。本书选取了大量的小故事和案例，其中所有小故事均由企事业单位的学员或者学校的学生口述，融礼仪于日常生活、学习和工作中，体现出礼仪就在我们身边，养成礼仪思维，从而提高学生的人文素养。

2. 活是指生动。本书引用了十多部影片作为素材，通过视频呈现，教学内容更加生动形象，更能够激发学生的学习兴趣。

3. 修是指身心修炼。礼仪之道，简而言之就是"站在他人的立场为他人着想"，礼仪学习是不断提升、不断修炼的过程。本书编入了跟随圣贤学习礼仪的章节，希望学生能够一生修炼，逐渐净化自我心灵，提升个人内涵。

4. 练是指素养训练。古人说内外兼修，除了修炼内心之外，一个人的穿着打扮、言行举止、待人接物是否训练有素，别人一目了然，因此本书注重实训，除了纸质教材的详细讲解以外，还有二维码电子资源，可供学生模仿、学习，实操性强。

二、本书内容

本书的编写以职业场合为背景，以修与练为主线，将课程分为五大篇章，如下图所示：

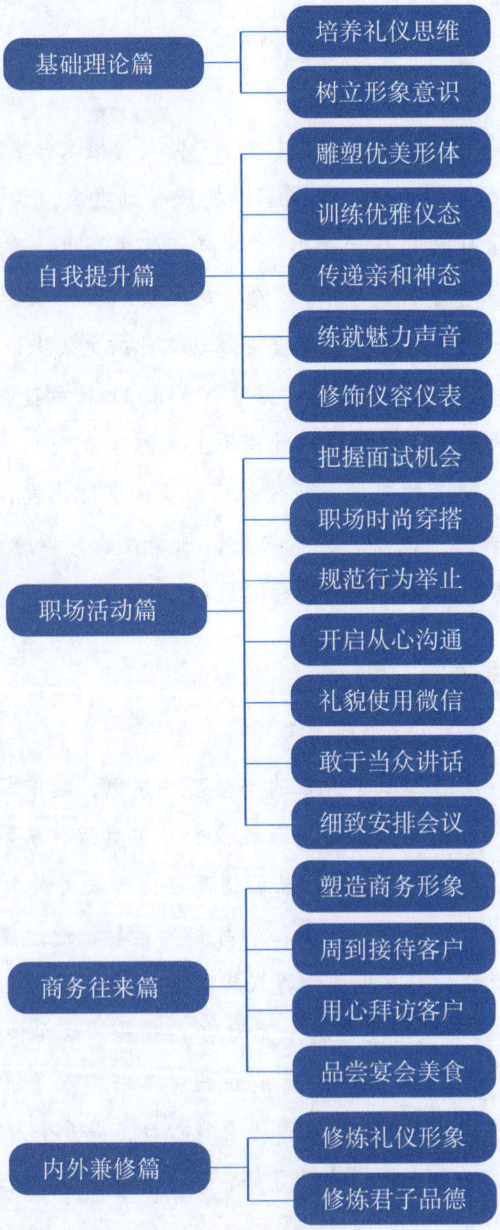

三、使用方法

本书每个篇章中每个单元包含学习目标、礼仪要点、建议学时、自我设问以及若干教学模块，既可以作为教材使用，也适用于广大礼仪爱好者自主学习。

学习目标是针对该单元提出的，包含知识目标、技能目标和素养目标；礼仪要点是针对每个单元提炼的关键词；自我设问供学生课前思考，也可作为教师课前的调查了解。

每个单元或模块开篇都以礼仪小故事开始，模块中有众多案例分享。每个单元的最后一部分均为单元练习，包含课后思考、案例分析和技能训练三个项目，以期进一步巩固学生所学的知识，提升实操技能。

本书的各个单元相对独立，各个环节与教学流程基本吻合，因此教师在面对不同专业的学生时可自行组合，从而形成更加灵活、实用而又有针对性的教学方案。

本书在编著的过程中参考了大量文献资料，因篇幅有限，未能一一注明出处，在此对其原作者表示衷心感谢！

由于编著者水平所限，书中错漏和不妥之处在所难免，敬请专家和读者批评指正。

汪双飞

目录

CONTENTS

一 基础理论篇

二 自我提升篇

三　职场活动篇

四 商务往来篇

五 内外兼修篇

一、基础理论篇

单元一 培养礼仪思维

学习目标

知识目标

1. 了解礼的基本概念和功用。
2. 阐述现代“三礼文化”。

技能目标

1. 能运用“三礼文化”分析一些社会现象。
2. 能够收集并分享礼仪故事。

素养目标

1. 欣赏礼仪素养高的人，乐于向榜样学习。
2. 树立礼仪意识，愿意以礼约束自己的行为举止。

礼仪要点

尊重，舒服，和谐，约束

建议学时

2 学时

自我设问

1. 我有必要学习礼仪吗？
2. 学习礼仪能给我带来改变吗？
3. 谁有必要学习礼仪？
4. 哪些场合讲究礼仪？
5. 礼仪跟我们每个人的日常生活有关系吗？

模块一 何为礼

礼仪小故事

子路问孔子："老师，请问什么是礼呢？"孔子回答说："简单地说，礼就是爱人，礼是出于爱人之心的。"

子路想了想，说："老师，我还是不明白，您能不能说得详细一点？"孔子说："礼，就是要天子爱天下人，诸侯爱自己管辖境内的人，士大夫爱自己的职责，读书人和老百姓爱自己的家人，难道这还不清楚吗？"

子路想了想，又问："您说礼就是爱人，那不就与老师说的'仁者爱人'一样了吗？"孔子拊掌大笑道："两个本来就是一回事！'仁者爱人'说的是人的内在素质，'礼者爱人'说的是人的外在表现，两者是一致的啊！"

子路这才点了点头说："我懂了。"

春秋时学者林放曾经问孔子礼的根本是什么，孔子说，就一般的礼而言，与其过分奢华，不如朴素节俭；对于丧葬之礼，与其大操大办，不如内心真正地哀悼。在这里，孔子说明了礼的根本不在形式，而在内心；不能只停留在表面形式上，真实、真心、真诚才是礼之根本。在儒家思想中，"仁"是"礼"的内在精神，不仁则谈不上有礼。礼是道德规范中的重要内容，是仁的有益补充和表现形式。孔子教人"成仁，成人"，实际上就是引导人们将其潜在的德性经由礼的规范和约束，在实践中塑造完美的人格。

孟子说："礼，门也。"表达的也是同样的道理。只有经过礼这道门，人才能实现其为人的本质，或者说，只有经过"礼"这道门，"仁"才能由内在的德性转化为外在的德行。

那礼到底有何作用？孔子的弟子有子说："礼的功用，以遇事做得恰当和顺为可贵。以前的圣明君主治理国家，最可贵的地方就在这里。他们做事，无论事大事小，都按这个原则去做。如遇到行不通的，仍一味地追求和顺，却并不用礼法去节制它，也是行不通的。"

由此可见，礼是规范人们社会行为的一种规定，它可以协调各成员间的关系，保证社会秩序的正常。这是"礼"外在的约束作用，至于"礼"的内在目的，有子说得很清楚，就是"礼之用，和为贵"。在有子看来，推行"礼"的目的在于追求社会和谐。这个和谐既包括国家与民众的和谐，也包括君臣关系、官民关系的和谐，更包括社会上人与人之间的和谐。

模块二　三礼文化

礼仪小故事

2019 年 10 月，中共中央、国务院印发的《新时代公民道德建设实施纲要》中提到："礼仪礼节是道德素养的体现，也是道德实践的载体……研究制定继承中华优秀传统、适应现代文明要求的社会礼仪、服装服饰、文明用语规范，引导人们重礼节、讲礼貌。"从大处来说，社会礼仪、服装服饰、文明用语规范，这些都是礼仪的范畴，说明礼仪已经被认为是强化道德教育的重要手段。

在传统文化中，"三礼"指的是《周礼》《礼记》《仪礼》，这是古代汉民族礼乐文化的理论形态，对礼法、礼义做了权威的记载和解答，对历代礼制的影响尤为深远。

为了适应社会发展的需要，现代的三礼文化根据场合和对象的不同，被赋予了新的含义。

根据场合不同，礼仪可分为大礼、常礼和小礼。

大礼是高端尊贵的礼节；常礼是一般情况下的礼节；小礼是时间特别匆忙的时候，略表心意的礼节。以握手为例：握手的常礼为三秒钟，比较规范；大礼需要更长的时间，还要注意形象、表情，有时还要配合拍照；小礼是时间紧急，匆匆一握，可能只需一秒。再比如说：国家领导人迎接外宾遵循的是大礼；有客人来访，主人热情地端茶递水，这是常礼；而跟他人点头微笑则是小礼。

根据对象的不同，礼仪又可分为礼待自己、礼待他人和礼待自然。如图 1-1 所示。

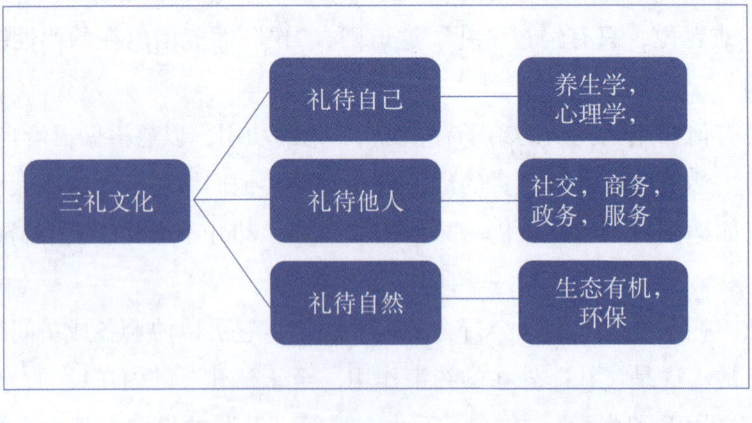

图 1-1　三礼文化

（1）礼待自己。一个人的道德和事业都建立在身体健康的基础上，如果没有健康，或者失去生命，一切都不复存在，因此我们要重视养生。有些人对待自身的一些小病不以为然，这就是对自己生命的不负责。对待疾病采取谨慎的态度，关注健康问题，不给家人、他人带来麻烦，也是礼仪。

（2）礼待他人。也就是常说的以礼待人，“己所不欲，勿施于人”，即用你喜欢别人对待你的方式对待别人。生活中能做到以礼待人是有修养、有风度的表现，也是人格魅力的外在表露。越是那些有所作为、有所建树的人，越是会在待人接物时表现出礼貌与谦恭。这是因为他们在自尊自爱的同时善于以己度人，从而尊重他人。

曾经看到一篇这样的文章：作者的邻居没有接受过多少教育，对礼仪知识懂的也不多，但他却用自己的行为赢得了别人的尊重。为了让送水工方便，他把饮水机安在门口，这样送水工来的时候一伸胳膊就可以换水，省去了进门换脚套的时间。

礼待他人，对自己来说是一种发自内心深处的道德情感，对别人来说是对他人价值的充分肯定。因此，懂得礼待他人是一种高尚的品质。

（3）礼待自然。世间万物都应该被尊重，自然比人类更早地存在，人类应该顺应自然，而不是要做自然的主宰。圣人孔子重视仁道，主张人类不仅对自己，即便是对鸟兽，也应该心怀仁德。“钓而不纲，弋不射宿”就是很好的例子。意思是只用鱼竿钓鱼，而不用大网来捕鱼；用带的箭射鸟，但不射归巢栖息的鸟。这样做是在告诉人们要对动物心存仁爱，不可滥捕、滥杀，影响动物的正常繁衍。儒家学说重视天人关系，主张万物和谐共存，这就是所谓的“上天有好生之德”。

模块三　礼仪在身边

礼仪小故事

自从学习了礼仪之后，大家说我变了。同事说我变得亲切了；朋友说我讲话温柔了，变得有女人味了；客户说我的服务态度比以前更好了；我小区的保安对我也客气了，总是笑眯眯地跟我说话。我经常笑着跟孩子说话，逐渐地孩子也笑着跟我说话了，我们家里增添了欢声笑语。

一　礼仪是尊重

中国知名礼仪专家金正昆教授说：“礼是道德规范，是尊重。”在人际交往中，既要尊重别人，也要尊重自己。但是口头说说没用，别人不知道你的内心想法，这就要求我们不仅要有“礼”，而且还要有“仪”。

“礼”是尊重，“仪”就是把心中的尊重用恰当的形式表达出来。

案例分享

20世纪80年代，有许多人下海经商。当时，海南有一家玩具公司做得非常成功，但是几年后，一场跟风热让它陷入了危机。如何在低迷的市场环境中逆势而起，一直是这家海南公司在思考的问题。一次，这家公司的老板得到消息，深圳一家公司生产的玩具很别致，深受大众欢迎。于是，老板就让他的下属联系这家公司的负责人。

两家公司的老板约在一家茶楼洽谈。见面时，深圳公司的老板身着正装——黑西服套装、黑皮鞋，连发型也梳理得非常正式。从外表就能看出，他对这次谈判很看重。但海南公司的老板穿着很随意，一件红背心，一条花边短裤，脚下穿一双拖鞋，跷着二郎腿，嘴里还叼着一支香烟，当看见深圳玩具公司老板走过来时才站起来打招呼。

看到这一幕，深圳老板感到很厌恶，本以为对方会热情周到地接待，没想到连茶都没喝上，对方就要直接同他谈事情。于是，深圳老板马上沉下脸来，说："我知道你的公司为什么开不下去了，你们太不尊重别人了。"

没过多久，这家海南玩具公司便倒闭了。

敬人者，人恒敬之。若想得到他人的尊重，要先懂得尊重他人。生活中，越是那些有所作为、有所建树的人，越会在待人接物时表现出礼貌与谦恭，这是因为他们在自重、自爱的同时善于以己度人，从而尊重他人。

二 礼仪是约束

孔子说："非礼勿视，非礼勿听，非礼勿言，非礼勿动。"这里的"礼"强调的是克制自己，不做那些失礼的事情。心中有礼，就会对自己的着装、行为、言行等加以约束。

表现自己容易，约束自我则难。我们在生活中有时会遇到恶意的指控、陷害，更会遇到种种不如意。有的人会因此大动肝火，结果把事情搞得越来越糟。

案例分享

2021年2月11日，农历大年三十，也就是中国传统节日——"除夕"，本应该是合家欢乐共度春节的一天，一位女士因家庭矛盾与丈夫发生了争执、吵闹，女士一气之下穿越高速公路护栏网攀爬到高速公路上欲轻生。所幸，周口高速交警及时发现，耐心劝导，成功化解了夫妻矛盾，消除了该女士的轻生念头。

这里的家庭矛盾是什么，我们不得而知，但是很显然，夫妻二人都因为没有克制自己的情绪，才差点闹出大事情。

约束是对个人欲望的理性控制。为人处世要有节制，其实指的就是要约束自己的欲望，不要纵欲，不要为所欲为，比如不违法乱纪、不恶语伤人、不贪占别人的功劳和便宜、不张狂傲气、不言他人是非等。

如果人人都能懂得约束自己的行为，社会肯定更加文明、和谐。

三 礼仪是细节

礼仪体现于细节，细节决定成败。

案例分享

有人说世界上第一个进入太空的宇航员加加林，能从20多名宇航员中脱颖而出就是源于细节。原来在苏联确立人选前的一个星期，航天飞船的主设计师罗廖夫发现，在进入飞机舱前，只有加加林一个人脱下鞋子，穿着袜子进入座舱。就是这个细小的举动一下子赢得了罗廖夫的好感，他觉得这个27岁的青年既懂规矩，又如此珍爱他为之倾注心血的飞船，于是决定让加加林执行人类首次太空飞行的神圣使命。加加林正是通过这个不经意的细节，表现出他尊重他人劳动成果的修养和素质，从而成为遨游太空第一人。

社会上的很多重要场合为什么安排礼仪小姐？礼仪小姐是在宾馆、酒店或大型仪式、活动中从事礼节性服务工作的年轻女子。她们在场，让一些细节工作落实得更完美，增加了仪式感，让客人感受到被尊重。

四 礼仪是让人舒服

大家知道，空乘专业有一门必修课，那就是礼仪课。据相关研究显示，有礼仪的空乘服务人员可以减少与顾客的摩擦，因为飞机颠簸，在空乘服务时，很容易出现失误，顾客对于有礼仪的人更倾向于原谅。

在我们的日常生活中，给洗车人员道声“谢谢”，给等候在门口的学生道声“大家好”，跟保安礼貌说话，把走访寝室的老师送到楼梯口，对别人表示感兴趣、赞赏、理解、体谅，积极配合其工作、保持良好的仪表等都是礼仪。礼仪的本质是对人尊重，让他人感觉舒服，因此学习礼仪的目的是让自己呈现形象美、行为美、语言美，以便跟自己、跟他人、跟自然相处得更加和谐。

孔子说：“不学礼，无以立。”礼仪不仅是国家层面高端尊贵场合安排的仪式，更体现在我们日常生活、工作中的点点滴滴。

没有人可以说自己对礼仪掌握得非常精通，社会在发展，事物在变化，我们一生都需要不断修炼，修的是内心的和谐，炼的是外表的美感。

礼仪是途径，和谐是结果。

礼仪文化与思维

单元练习

课后思考

1. 礼的基本含义和作用是什么？
2. 礼仪的本质是什么？
3. 三礼文化是什么？
4. 如何培养礼仪思维？
5. 学习礼仪的最终目的是什么？

案例分析

秦朝末年，张良因暗杀秦始皇失败而过着隐居的生活。有一天，他在桥上遇到了一位穿着粗布衣裳的老人，请他帮忙去桥下捡鞋。张良有些惊讶，因为见他年老，勉强地忍了下来，下去捡了鞋。

可没想到的是，老人又提出一个要求，让他帮忙把鞋穿上。张良想，既然已经替他把鞋捡了上来，就帮人帮到底吧，于是就跪着替他穿上。老人离开十几米后，又返回来，说："五天以后天刚亮时，跟我在这里相会。"

第五天的时候，张良来到桥上。老人已在那里，生气地说："跟老年人约会，反而后到，五天后再见吧！"又过了五天，天刚亮张良就来到了桥上，看到老人又先到。老人再次约他五天后见。五天后，张良不到半夜就去了，过了一会儿，老人也来了，高兴地说："孺子可教。"然后送给张良一本书，书名为《太公兵法》。后来，张良苦读此书，提升了智谋，最终成为了西汉的开国功臣。

这个故事告诉我们什么？

技能训练

跟自己小组同学或全班同学分享发生在自己身边的礼仪小故事。

单元二 树立形象意识

学习目标

知识目标

1. 能够区分一般认知上的形象与礼仪形象。
2. 能够阐述礼仪形象包含的要素。

技能目标

1. 能够找出自己形象的优缺点。
2. 能够发现他人的礼仪形象。

素养目标

1. 培养善于发现美的眼睛。
2. 培养为礼仪形象而付出努力的决心和恒心。

形象要点

形体优美，仪态优雅，微笑甜美，眼神灵动，举止规范，穿着得体，声音悦耳，讲话真诚，能力出众

建议学时

2 学时

自我设问

1. 我是否遇到过第一印象让我觉得很糟糕的人？
2. 我往往会留给陌生人怎样的第一印象？
3. 我是否重视每一个第一次见面的机会？
4. 如果没有深入交往，我更信赖高个子的男士还是矮个子的男士？
5. 如果一位穿着邋遢的人向我推销产品，我会信任他吗？

模块一　个人形象

礼仪小故事

Thorp 本来是普华永道公司的前台小姐，她说她所在的公司 Portico（普华永道的外包公司）规定女性员工必须穿 5~10 厘米的高跟鞋上班，而她去年 12 月的时候因为穿平底鞋而违反规定，在拒绝主管提出的立马出门购买高跟鞋的建议之后被遣送回家，并且“一分钱都不给”。

据说这种规定在英国是受法律保护的。英国的劳动法规定公司可以给男性和女性员工设定不同的着装规范，公司有权利解雇不遵守着装规范的员工，但要给他们足够的时间购买合适的服装。

一说起形象，我们可能很快就会想起某个人的相貌、着装、行为等。显然，我们都是对那些第一眼看上去舒服的人有好感，而对那些不合眼缘的人表示或多或少的排斥。因此，仪容、仪表、仪态就是一个人在社交活动中给人留下的最直观的印象。一位经济学家在经过抽样调查后得出结论：形象优秀的员工，工资要比平均水平高出 14%。

“企业文化就是老总的文化”，如果你是一个公司的老总，你的外表就是公司最好的说明书。同样，公司员工的形象也是公司的广告牌，糟糕的员工形象将严重损害公司的形象。

个人的外表形象不仅仅在职场中很重要，在生活中也不例外。

外表往往反映了一个人对生活的态度。有人说，20 岁以前的长相靠父母，20 岁以后靠自己。得体的外表，体现的是一个人的自律和恒心，这些良好的习惯都会反映到工作中、生活里。

模块二　第一印象

礼仪小故事

2007 年的秋天，同事邀请我跟他一起赴宴。等我们匆匆赶到时，同事的朋友早已就座。

席间，一位朋友跟我互留了号码，之后我们有联系，但见面不多。

2018 年的一天，我在微信上开玩笑说：“好久不见，你想想我现在变成什么模样了？”

“我又看到了10年前第一次看见你的样子：你从门口探头进来，穿着湖蓝色的衣服，松松地挽着头发。”他回复道。

联合国儿童基金会做过一个试验：他们让同一个小女孩分别以漂亮和邋遢的形象走在大街上，来观察人们对待这个孩子的态度。结果，当小女孩打扮漂亮地站在街上时，路人显得非常有爱心，纷纷上前询问她是否需要帮助；而当小女孩衣衫褴褛地站在街上时就无人问津，甚至走到餐厅也被人赶走。小女孩难过得大哭，视频一度因此而停止拍摄。

同样的一个小女孩，得到天壤之别的对待，只因穿着打扮不同而已。

正如勃依斯公司总裁海罗德所说：“只有留给人们好的第一印象，你才能开始第二步。”

杨澜女士用自己的亲身经历告诉我们：没有人有义务透过连你自己都不在意的邋遢外表去发现你优秀的内在。

一 首因效应

心理学上有个首因效应，说的是交往双方形成的第一印象对今后交往关系的影响，也就是“先入为主”带来的效果。

首因效应是由美国心理学家洛钦斯（A.S.Lochins）提出的，也叫作首次效应、优先效应、第一印象效应。

20世纪40年代中期，美国社会心理学家阿希在有关印象形成的实验研究中首先发现这种现象存在，但未能引起足够重视。50年代后期，洛钦斯对这种现象进行研究，不仅证明它的普遍存在性，而且证明了它的作用的强烈性和持久性。它是指首次认识客体在脑中留下的第一印象，往往出现在互不相识的陌生人之间，它是一种先入为主的刺激，给人留下的印象是最鲜明、最深刻的，牢牢地留在人的脑海里。

首因效应证明了第一印象的重要性，因此在社交、工作、面试等场合，如果我们想给他人留下良好的第一印象，就必须注意自己的穿着打扮、言行举止，因为这初次的见面起着决定性的作用。如果我们给他人留下的第一印象是糟糕的，那之后往往不会被他人喜爱，或失去更多的机会。比如在面试中，大部分给面试官留下不好的第一印象的人都会失去心仪公司的青睐，被远远抛在同批面试者的身后。

案例分享

我参加了一次提前招生的面试，排在我前面的是一位男生，一身职业装，整个人看起来干净利落，除了服装以外，我也看不出他哪里很优秀，但就觉得很舒服。当时我心里想：就这么个面试，有必要这样打扮自己吗？他进去了，很长时间以后才出来，大概有 20 多分钟吧。我进去后一会儿就出来了，当时我心里就想着一定完蛋了。所以，当我来到我们学校，不管是形体课、礼仪课，我总是积极参加，因为我知道形象非常重要。

《三国演义》中凤雏庞统当初准备效力东吴，于是面见孙权。孙权看他相貌只能用丑陋来形容，心中就有几分厌恶，在后来的交谈中又觉得他生性傲慢，于是又增加了几分厌恶，能广纳贤人的孙权竟然将这位奇才拒之门外，无论谁来劝说，都无济于事。

孙权是否为此后悔，我们仅凭小说的描述未必能体会到这位大英雄的心理，但如果连孙权这般智勇双全的大人物都无法做到避免偏见，更何况你我这般庸庸碌碌的普通人，可见第一印象的影响之大。

很多年轻人都曾经取得成功，或不止一次地接近成功，有时候决定能否成功的关键就在于给别人留下怎样的第一印象。

二 55/38/7 定律

如果一个人在初次见面时给人留下良好的印象，那么人们就愿意和他接近，彼此也能较快地取得相互了解，对他以后一系列行为和表现的解释也会产生积极的影响。

美国心理学教授艾伯特·梅拉比安（Albert Mehrabian）提出了著名的55/38/7定律：在第一印象形成中，55%取决于相貌、穿着、打扮、形体等非语言信息，38%取决于语音、语调、语气、音量、音色、手势、动作等语言信息，而谈话内容只占7%，如图 1-2 所示。

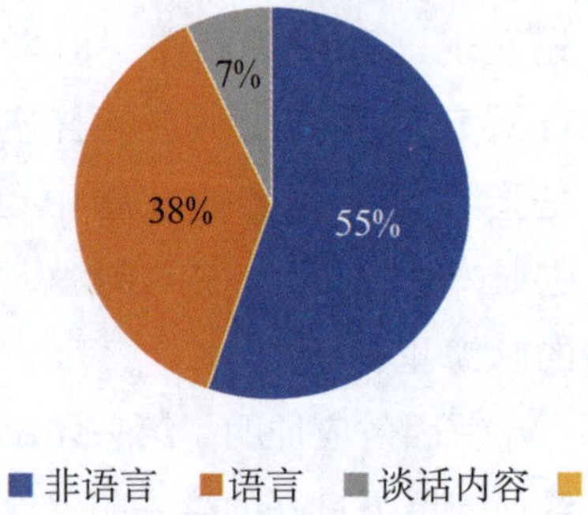

图 1-2　55/38/7 定律

英国形象大师罗伯特·庞德（Robert Bond）说："这是一个两分钟的世界，你只有一分钟向人们展示你是谁，另一分钟让他们喜欢你。"这就意味着如果你没有在见面的前两分钟内给别人留下良好的第一印象，那么就不能奢望别人去花更多的时间对你进行深入的了解。因为人们已经在短短的时间内做出判断，并且决定是否给你机会进行更进一步的交往。因此，糟糕的第一印象会让你丧失潜在的合作机会；相反，美好的第一印象则会帮你打开机遇的大门，为将来的成功打下坚实的基础。

模块三　礼仪形象

礼仪小故事

我一走到门口，便看见同学跟一位男士出来迎接。他身形高大，体态挺拔，面庞俊秀。坐下来喝茶之际，看他讲话彬彬有礼，行为温文尔雅，而在餐桌上吃饭、敬酒的言行举止都把握得恰到好处，这让我对他颇有好感。

礼仪的本质是对他人的尊重。如果一个人在会见客人或朋友的时候，穿着邋遢、蓬头垢面，实属失礼。

狭义上认为，形象就是指一个人的长相、穿衣、发型、化妆的组合概念，但礼仪意义上的形象，是广义的概念，是一个人的外表与内在相结合给人留下的印象，包括外表、长相、形体、气质、神态、穿着、言行、举止、声音、内含等方面的内容，一个综合的全面素质的体现。

许多公司把良好的形象作为员工的重要素质，员工的形象不仅体现在他们的外表上，还体现在其沟通行为、职业礼仪上，这反映了公司的信誉、产品及服务的质量，公司管理者的素质、层次等。通过对公司员工形象的判断，客户可以判断出公司的服务和信誉。

许多优秀的公司不惜重金为自己的员工进行形象培训和设计，以提高员工个人素质，因为员工的素质代表了产品的服务质量，员工的言行代表了企业的文化和素养。

就员工来说，最重要的形象主要是：

（1）出色的外表形象，包括穿衣、修饰、个人卫生、发式、指甲、体形等。

（2）良好的沟通形象，能够进行沟通交流、公众演讲。

（3）礼仪修养，包括待人接物，为人处世等。

一个人的形象如何，并不是外貌、穿着、妆容就能决定的，我们的语言、行为，甚至内心善恶都会通过外在的形象表现出来。因此要展现良好的形象，不仅需要注重外在的形象，还需要内练素质，由内而外地散发出魅力。

礼仪形象

单元练习

课后思考

1. 为什么第一印象很重要？
2. 55/38/7 定律是什么？
3. 首因效应是什么？
4. 员工的重要形象要素包含哪些？
5. 能够展示良好企业形象的公司为什么要优于同行业其他公司？

案例分析

我家住在蜜橘之乡——涌泉。在橘子成熟的时候，我的一位同学带了几位朋友来我家品尝桔子。在见到我之前，同学就已经告诉过他的朋友，“倪倪是很漂亮的”。

当天，考虑到需要上山采摘橘子，我便穿得非常朴素。他们一进门，其中一位男士便问：“倪倪在哪里？”我说：“我就是啊。”他说了句：“哦！你就是倪倪啊！”

从山上回来，已经是晚饭时间，我同学便安排朋友在当地一家饭店用餐。我化了妆、换了衣服，也前往饭店。

下午那位男士又问我朋友：“倪倪怎么不来？”我说：“我在这里呢。”他说：“哦，你就是下午的倪倪啊！”

席间，他们一共向我订购了 260 箱橘子。

这个案例说明了什么？

技能训练

1. 具体描述一位你心中的成功人士，包括他的为人处世、言行举止、着装打扮、经济收入等。

2. 描述你自己的形象并谈谈你打算如何提升自己。

二、自我提升篇

单元一 雕塑优美形体

学习目标

知识目标

1. 阐述优美形体对于提升个人形象的重要性。
2. 记住形体训练的动作要领。

技能目标

1. 能够跟随视频进行形体训练。
2. 能够创造适合自己的动作雕塑形体。

素养目标

1. 乐于锻炼形体。
2. 养成自律的习惯，培养坚持的恒心。

礼仪要点

决心，信心，恒心

建议学时

4 学时

自我设问

1. 我穿衣服好看吗？
2. 我经常锻炼形体吗？
3. 我知道什么是抠肩驼背吗？
4. 我有端肩缩脖的习惯吗？
5. 人家气质好的原因是什么呢？

礼仪小故事

我长得丑，脸大体胖，穿什么衣服都难看，我很自卑。所以看到有形体礼仪的公选课，我马上就报名了。我从不落课，也感觉学到了很多，形体训练、上台展示、走路训练，这些内容我都很喜欢。虽然每周只有两节课，但我每天坚持训练，一学期下来，我自己感觉变化很大，穿衣服比以前好看了，也敢于上台展示自己了，声音也比以前洪亮了，也变得自信了许多。

形体是人际交往中形成初始印象的首要因素，也是仪态礼仪的基础。它不仅影响一个人的外在形象，还影响他的品格气质，以及自信心。优美的形体如同衣架子，可以将得体的服装穿出优雅的仪态。形体美也是自然美的高级形态，是仪态美的基础要求。

模块一　形体训练详解

一　天鹅颈训练

提升气质的关键点之一就是脖子，脖子下垂或前倾不仅会严重影响一个人的气质，也会影响一个人的形象。我们可以通过一组动作的训练，练就天鹅般的脖子。

（一）脖子左右转动

（1）双脚分开与肩同宽，双手叉腰。

（2）把头转向右侧，注意右侧不要出现颈纹，左边脖子会感到强烈的拉伸。

（3）头部保持平直，再转向左边，右边感到强烈的拉伸。

（4）重复以上动作，四个八拍。

天鹅颈训练

（二）耳朵找肩膀

（1）脖子往右边倾倒，耳朵尽量去找肩膀，脖子左侧有强烈的拉伸感。

（2）脖子往左边倾倒，耳朵尽量去找肩膀，脖子右侧有强烈的拉伸感。

（3）重复以上动作，四个八拍。

（三）V 形训练

（1）下嘴唇包住上嘴唇。

（2）脖子往右上方拉升，左侧有强烈的拉伸感。

（3）脖子往左上方拉升，右侧有强烈的拉伸感。

（4）重复以上动作，四个八拍。

（四）C 形训练

这个动作虽然不美观，但非常有效，不仅有助于淡化颈纹，同时还有助于削减脸部的脂肪，起到瘦脸的作用。

（1）下嘴唇包住上嘴唇。

（2）用力往上、往前、往下收回。

（3）往上时脖子拉直，往下时下巴去找锁骨。

（4）重复以上动作，四个八拍。

二 美肩训练

（一）单肩上提

双脚分开，与肩同宽，双手放于体侧，手腕提起，手掌反翘，这样手臂会有拉紧的感觉。单肩上提，头部扭转，用肩膀去找下巴，千万不要用下巴去找肩膀。

美肩训练

（二）双肩上提

双脚分开，与肩同宽，双手放于体侧，手腕提起，手掌反翘，这样手臂会有拉紧的感觉。双肩上提，放下。

（三）双肩转动

轻松转动的动作，只有活动筋骨的作用，但如果做到位，对于削减后背脂肪的效果非常好。首先跟刚才一样，手掌贴着大腿，由前向上、向后转的时候，两个肩胛骨形成很深的川字，感觉能夹住手指。

三 美背训练

双手在背后合掌，十指相交，掌心翻向臀部，再朝下，把手抬高，抬到自己能够承受的范围之内。注意身体保持直立，脖子稍稍往上抬起，后背形成深深的川字，能够夹住名片。

美背训练

很多人在初次练习的时候，很容易把方向搞反了，掌心朝上没问题，但接着朝外面再朝下面，这样做后背的肌肉无法往中间集中，因此，这样的练习是错误的。记住，掌心朝臀朝下，然后手一点点抬高。注意身体保持直立，不要前倾。

四 拜拜肉训练

双手打开，肩膀下沉，双手反翘，这时候我们会感觉到手臂拉得很紧，有点酸酸的感觉。手掌往后画圈，接下来再往前画圈。

我们先伸出一只手，中指用力，由前往后使劲翻，一直到翻不动为止，这时候我们感觉到大臂酸酸的，这个动作练的是大臂。接下来中指用力，由后往前翻，一直到翻不动为止，这时候我们大臂摸上去硬硬的，练的是大臂的肌肉。

拜拜肉训练

五 提胸紧腹训练

两脚分开与肩同宽，双手在胸前十指交叉，往上拉伸。如果幅度太小了，效果就不明显。由前往上用力拉伸再有控制地放下，重复以上动作八个八拍。

提胸紧腹训练

六 腰部力量训练

很多人站姿、坐姿不能长久保持，其中一个最重要的原因就是立不住，身体容易往下塌。现在我们来练习一个动作，以锻炼腰部的力量。

双脚分开与肩同宽，双手背后十指交叉，掌心朝臀朝下。身体前倾，保持背部与地面平行，头部上扬，注意臀部不要刻意往上翘。腰部用力，带动身子上下摆动。重复以上动作八个八拍。

腰部力量训练

七 腰胯训练

说到腰，有一句话是这样说的，腰是少女和大妈的分水岭，现在我们进行腰胯练习，以打造纤纤细腰，灵活胯部。

双手叉腰，双脚呈 V 字站立，腰胯往左边送出，感觉左侧腰部肌肉绷紧，重复连续四拍；腰胯往右边送出，感觉右侧腰部肌肉拉紧。重复连续四拍，左右摆动，共八个八拍。

腰胯训练

八 提臀美腿练习

（1）双脚打开与肩同宽，双手叉腰，右腿直立，左腿向左前方迈出一步，脚尖绷直，向外转动，感觉到大腿的肌肉绷紧，臀部紧实，向上提起，你会感觉左腿受力，这样非常有利于提臀，同时也能增加大腿的力量，美化大腿的线条。注意直上直下。

提臀美腿训练

（2）左腿直立，右腿向右前方迈出一步，脚尖绷直，向顺时针方向转动，感觉到大腿的肌肉绷紧，向上提起，放下。

（3）右腿保持直立，左腿向斜后方撤出一步，左脚尖绷直，往逆时针方向拧紧。向上提起，放下。

（4）左腿保持直立，右腿向斜后方撤出一步，右脚尖绷直，往顺时针方向拧紧。直上直下。共八个八拍。

（5）下蹲练习，双脚分开比肩略宽，双手叉腰，下蹲，膝盖跟脚尖保持同一个方向，起来的时候把臀部往中间收紧，这样臀部的肌肉摸上去是很紧实的。注意腰要保持直上直下，膝盖不要超过脚尖。共八个八拍。

九 膝盖力量训练

双腿并拢，膝盖用力，左膝盖摩擦右膝盖，右膝盖摩擦左膝盖。这样练习有助于锻炼膝部的力量，让走路更加轻盈。

膝盖力量训练

十 脚底力量练习

随着年龄的增长，越来越多的女性觉得高跟鞋穿着很累，走不了路，这跟脚掌不会受力有很大关系。

脚底力量训练

（1）平时多做踮脚的练习，一是能够增加脚底受力；二是改善脚踝浮肿的现象，让脚踝变得纤细；三是让腿部肌肉向上提，增加腿部力量。做的时候，注意膝盖脚踝都向中间用力，有一种向上的感觉。千万不要脚踝向外分开来做。

（2）登山步练习。双腿并拢，左腿直立，右脚踮起，膝盖稍稍弯曲，右膝盖摩擦左膝盖，放下来的同时，左脚尖踮起，左膝盖摩擦右膝盖，这样反复练习，一是增加脚底受力，二是增加膝盖的力量，让我们走路更加轻盈。

模块二　身韵训练

在学会基本动作的基础上，大家可以选择跟着音乐的节奏练习，以提升训练的美感。

1. 全身拉伸训练
配乐《鸿雁》
降央卓玛

2. 天鹅颈训练
配乐《雨天》
文劲松

3. 美肩训练
配乐《音乐之声》
Julie Andrews

4. 美背训练
配乐《Raise me up》
Westlife

5. 拜拜肉训练
配乐《俗人言》
谢春花

6. 提胸紧腹训练
配乐《Psycho，(Pt.2)》Russ

7. 腰部力量训练
配乐《蝶儿蝶儿满天飞》高胜美

8. 提臀美腿训练
配乐《Take Me to Your Heart》
Michael Learns To Rock

9. 膝盖力量训练
配乐《快乐老家》
陈明

10. 脚底力量训练
配乐《精忠报国》
屠洪刚

模块三　神韵训练

1. 微笑练习
配乐《太湖美》
龚玥

2. 眼神练习
配乐《梁祝》
纯音乐

单元练习

课后思考

1. 气质提升的关键点是哪个部位？
2. 优美形体会带来什么好处？

3. 为什么要跟着音乐训练形体？

案例分析

在一次形体公选课上，我发现最后一排的边上多了一个人，原来她是我们学校的体育老师。后来每一节课她都来学习，只要没有特别的情况，她都不落课。两个学期以后，大家都说她有气质了，着装也明显比以前有味道了很多，整体上看起来更加精神了，连说话也温柔多了。

为什么形体训练能让讲话变得温柔？这两者之间有什么关系？

技能训练

1. 对着镜子，跟着视频每天进行各个部位的练习，每个动作练习四个八拍。

2. 在学会基本动作以后，跟着音乐练习。

单元二 训练优雅仪态

学习目标

知识目标

1. 能够分辨哪些属于不良体态。
2. 能够阐述基本站姿的要领。

技能目标

1. 能够正确练习基本站姿。
2. 能够根据场合，优雅地站、坐、行、蹲。

素养目标

1. 发现优雅仪态的美且乐于学习。
2. 养成自然地呈现优雅仪态的习惯。

礼仪要点

优雅，挺拔，稳健，习惯

建议学时

4 学时

自我设问

1. 瘦是不是等于美？
2. 我的姿态好看吗？
3. 气质是怎样练成的？
4. 我是否有“内八”或“外八”的习惯？
5. 我走路的样子好看吗？

模块一　基本站姿训练

一个人没有开口说话之前，站姿便表现了其内在的精神。

站姿是一切仪态的首要部分，优美的站姿会呈现给人一种优雅的感觉。一位在公共场合中受人欢迎的人，最重要的是要具备正确的站姿，因为站姿是我们日常生活中正式或非正式场合中最引人注意的。但由于平时很多不良的习惯，我们很容易出现脖子前倾、抠肩、驼背等不良体态，严重影响美感。可以通过九点靠墙法来纠正不良站姿。

一　基本站姿

站姿的基本要领是头正、颈直、肩平、腰立、腹收、臀提、腿并、脚实。

（1）头正。头部正、头顶平、身体的重心要平衡。

（2）颈直。脖颈挺直、下颌微收。

（3）肩平。双肩端平，与地面平行。

（4）腰立。保持腰部直立，往上拉伸，给人以挺拔之感。

（5）腹收。稍稍收紧腹部，但要呼吸自然。

（6）臀提。臀部肌肉向内、向上收紧，重心有向上提的感觉。

（7）腿并。两腿直立紧贴，内侧肌肉夹紧，身体重心尽量提高，膝盖内侧尽量贴合。

（8）脚实。脚后跟靠着墙，实实地踩在地上，感觉脚底往下沉。

总之，良好的基本站姿会让人感觉头拉一根绳，背靠一堵墙，脸上有微笑，心中有自信，脚踝以上往上拔，脚踝以下往下沉。

女士站立时，双脚成丁字步或V字步。

丁字步站立：右脚脚尖对准1点钟的方向，左脚脚尖对准12点钟的方向，左脚的脚后跟放在右脚的脚窝处。站立中，左右脚可以前后替换。

V字步站立：两脚脚后跟靠拢，两脚呈V字形，夹角为30度到45度。也可以是两个脚尖差不多呈一个拳头的距离。

男士站立时，双脚分开与髋部同宽。

二　九点靠墙法

九点靠墙法指的是后脑勺、双肩、双臀、小腿肚、脚后跟紧靠着墙壁站立，双手紧贴大腿外侧，中指对准裤缝，从侧面看，耳朵、肩膀、手臂、腿位于同一条直线。

模块二　优雅仪态训练

一　优雅站姿

（一）女士站姿

1. 服务式站姿

在基本站姿的基础上，双手虎口相交，右手在外，左手在内，大拇指隐藏，放在肚脐以下（大概三指宽）的位置，双肘稍稍打开，跟身体呈一个拳头的距离。这样的动作往往应用于服务场合，看起来比较温婉柔和。

2. 礼仪式站姿

在基本站姿的基础上，双手虎口相交，右手在外，左手在内，大拇指隐藏，放在肚脐位置。双肘打开，跟身体呈同一个平面。双肘完全打开意味着热烈欢迎。

3. 交谈式站姿

（1）在基本站姿的基础上，右手的五个手指扣住左手的四个手指，自然放于体前，表示我很快乐或很开心。

（2）在基本站姿的基础上，右手的手掌放在左手的手掌上，自然地相交，放在肚脐以下的位置。

（3）在基本站姿的基础上，左手的手掌握住右手的大拇指，右手的四个手指轻轻地托住左手的拳头，放于肚脐以下位置。

（4）在基本站姿的基础上，双手手指相交，大拇指隐藏，放于肚脐以下位置。如若想要让手指看起来纤长，不妨把手指往外拉。

（二）男士站姿

1. 服务式站姿

在男士基本站姿的基础上，左手在外，右手在内，左手握住右手手腕，右手握空拳，放于皮带扣的位置，两脚分开与髋部同宽或呈立正姿势。这种站姿经常用于服务人员。

2. 后背式站姿

在男士基本站姿的基础上，双脚分开与髋部同宽，右手在外，左手在内，右手握住左手手腕，左手握空拳，放于尾骨处，双手背搭。后背式站姿有安全坚守之意，故也称安保式站姿，常用于安全保卫岗位。

二 优雅坐姿

（一）女士坐姿

优雅的坐姿能体现出女性的气质，女士坐姿要体现端庄之美。女士坐姿包括标准式坐姿、前伸式坐姿、前交叉式坐姿、斜放式坐姿、重叠式坐姿、满座。

1. 标准式坐姿

从椅子左侧入座，横纵纵横并，然后右脚后撤，小腿碰到椅子前端后，抚裙下坐，坐在椅子的前三分之一到三分之二处，具体视椅子的宽度而定，但后背不要倚靠椅背。坐下后，上体挺直，两肩平正，身体呈三个 90 度，即上身与大腿、大腿与小腿、小腿与地面各呈 90 度。双腿并拢，双手交叉，叠放在两腿之间的二分之一处。

2. 前伸式坐姿

在标准式坐姿的基础上，两脚向前伸出一脚的距离，这是前伸式坐姿。前伸式坐姿是拍集体照常用的一种方式，这样的坐姿显得腿部修长。

3. 前交叉式坐姿

在前伸式坐姿的基础上，右脚后缩，与左脚交叉，两踝关节重叠，两脚尖着地。

4. 斜放式坐姿

在前伸式坐姿的基础上，左腿右腿先后向外平移一步，在平移的过程中，两膝盖不要分开，脚背跟小腿呈同一方向。

5. 重叠式坐姿

也叫二郎腿，右腿抬起，沿着左腿上滑，轻轻地将腿窝落在左腿的膝盖上，注意两腿不要分开，上边的腿向里收，贴住另一条腿，两脚尖朝同一方向，向下。

二郎腿一般被认为是一种不严肃、不庄重的坐姿，尤其是女士不宜采用。但很多女士喜欢架腿，如果能够注意小腿向回收、脚尖向下这个要求，不仅优美文雅，大方自然，富有亲近感，而且还可以充分展示女性的风采和魅力。

6. 满座

如果坐的时间较久，可以把臀部后移到椅背处，背靠椅背。

（二）男士坐姿

1. 标准式坐姿

就座时从左侧入座，如果穿着西装，先解扣，坐在椅子前三分之一到三分之二处，不要靠着椅背，双腿分开，与髋部同宽。上体挺直，两肩平正，身体呈三个 90 度，即上身与大腿、大腿与小腿、小腿与地面各呈 90 度。双手放于大腿二分之一处。

2. 前伸式坐姿

在标准式坐姿的基础上，两腿前伸一脚的长度，以便腿部显得修长。

3. 重叠式坐姿

右腿叠放在左膝上部，右小腿内收，贴向左腿，脚尖自然下垂，贴向左腿，脚尖自然下垂。

（三）离座

女士离座：起身同时抚裙，从左侧离座，后退两步再转身离开。

男士离座：起身系扣，从左侧离座，后退两步转身离开。

三 气场走姿

我们都说某个人走路带风，这说明走姿很能影响一个人的风度，在这个任务中我们就来训练走路。

（一）女士走姿

在基本站姿的基础上，女士走路姿势要显示轻柔之美。

脚后跟先着地，再由脚跟过渡到脚尖，步幅为自己的一脚到一脚半左右的距离，两脚走在一条直线的两侧，也就是说两只鞋子的内侧落在同一条直线上，为了确保线路平直，在走路的过程中，左右膝盖相互摩擦；同时，辅以手臂的摆动。摆动的要求是大臂主动，小臂随动，双手自然放松。前后的摆动幅度为15度到30度之间。

（二）男士走姿

同样在基本站姿的基础上，男士走路姿势要显示出阳光气概。行走间两眼平视前方，双肩平稳，双脚走平行线；步幅为两脚左右的距离，小臂主动，大臂随动，手握空拳，前后摆动的幅度为40度左右。

四 优雅蹲姿

（一）女士蹲姿

在基本站姿的基础上，右脚后撤一步，抚裙，臀部轻轻地落于右脚的脚后跟上，双膝并拢，左手放于两腿之间的裙摆处，重心主要在左脚，膝盖靠近地面；抚裙起身。反之亦然，在实际工作或生活中，注意高腿位对人。

优雅仪态

（二）男士蹲姿

男士蹲姿基本等同于女士蹲姿，但两膝分开与髋部同宽。

单元练习

课后练习

1. 仪态好差对人有什么影响?

2. 常见的不良体态有哪些?

3. 董卿是出了名的优雅，她的“下跪”说明什么?

4. 在公众场合保持优雅，回家就随便“葛优躺”。你对此有何看法?

案例分析

林秋彤在20岁左右的时候非常普通，属于在人堆里不会被发现的那一种人。28岁她生了孩子以后，身材发胖变形，整个人看起来非常臃肿。对着镜子中的自己，她充满了焦虑。大部分人都认为女人在30岁以后开始走下坡路，于是她考虑如何改变自己。

后来她在书中看到一名芭蕾舞演员（她未来的老师），在生完孩子以后也面临同样的体形走样问题，尝试了多种办法都没有效果，最后她用自己独创的方法恢复了少女般的身材，这就是林秋彤想要的。

从师以后，林秋彤一直从事如何培养优雅体态的工作，帮助千千万万的女性重塑自信，活出精彩。

根据这个案例，请分析体态与自信的关系。

技能训练

在有镜面和座椅的训练大厅里，配以静态舒缓的音乐或步态节奏感的音乐，训练各种站姿、坐姿、蹲姿以及走姿。

单元三 传递亲和神态

学习目标

知识目标

1. 能够阐述眼神和微笑对人际关系的重要作用。
2. 记住最真诚的微笑是眼神笑。

技能目标

1. 学会如何训练微笑和眼神。
2. 能够恰当地传递微笑和眼神，展示亲和友善的面容表情。

素养目标

1. 乐于学习，坚持不懈。
2. 表情温和，提升亲和力。

礼仪要点

真诚微笑，保持微笑，眼神微笑，眼神灵动

建议学时

2 学时

自我设问

1. 与他人交谈时，我的眼睛会看哪里？
2. 我经常微笑吗？
3. 我的眼神是灵动的还是呆板的？
4. 我每天有多少时间看手机？
5. 为什么说微笑是无国界的语言？

模块一　微笑与眼神

礼仪小故事

参加了礼仪培训课之后，我和两位同事结伴回家，一路上我们笑容满面，兴致勃勃地探讨微笑礼仪的相关内容，相互间展示各种礼仪动作规范，不知不觉很快就到了小区附近。“咔嚓”一声，门自动打开了，当时大家很迷惑，愣住了，三个人傻乎乎地站在门口你看看我，我看看你。“咦，谁用的门禁卡呀，我们仨离门禁卡感应区差好几十米呢！”这时，保安室的玻璃窗户打开了，保安大哥探出了脑袋，微笑着对我们说：“欢迎回家。”谜底揭开了，我们连声道谢，走进门后异口同声地要求和保安大哥合影留念。

《孙子兵法》里说过：下美在貌，中美在情，上美在态。意思是说一个人的下等之美在于外貌，中等之美在于内涵，而上等之美在于神态和仪态，且神态居仪态之首。

神态包含眼神和微笑，也构成了我们常说的面部表情。表情就像文字一样，传递着人们的思想感情，表达着人们的内心世界。在人际交往中，一双自然坦诚的眼睛、一个热情友好的微笑，无疑会给人留下友善的印象。

一　微笑

中央电视台《晚间新闻》节目对北京市有关部门在学生中所做的一项调查进行了报道，调查主题是“你最喜欢什么样的老师”。调查结果显示，90% 以上的学生说，我最喜欢微笑着给我们上课的老师。为什么呢？

首先，微笑让你感受其内心的快乐和喜悦。其次，微笑能够化解别人内心对你的不解和抵触。

案例分享

《论语心得》中讲过一位茶师战胜浪人的故事：

日本江户时期，有一位著名的茶师跟主人去京城办事。当时，浪人、武士纷乱，茶师没有武艺，虽然打扮成武士的样子，但是心里还是不踏实。

等到了京城，主人去办事了，茶师一出门，就真碰上了一个浪人。浪人见他武士打扮，挑衅着要跟他比剑。茶师无奈，但要求浪人给他宽限几个小时的时间。

茶师说完就直奔京城里最著名的大武馆向大武师求教最体面的死法。了解情况以后，大武师请他泡茶。

茶师很用心，面带微笑，很从容地看着山泉水在小炉上烧开，然后把茶叶放在茶壶里，经过洗茶、滤茶，最后一点一点地把茶倒出来，捧给大武师。

大武师喝了一口茶后，告诉他：用泡茶的心去面对浪人便可。

到了约定的地点，浪人已经等在那边，气焰嚣张。

茶师微笑着看着对方，然后从容地把自己头上的帽子取下来，端端正正放在旁边，又解开身上宽松的外衣，脱下来一点一点地叠好后，压在帽子下。他仍然微笑地看着对方，拿出绑带把自己里面的衣服袖口和裤腿分别扎紧。他从头到脚，一点一点地在装束自己，一直气定神闲。

对面的浪人越看越惶恐，不知道眼前的这位茶师武功到底有多深，其实就是被他的眼神和笑容给吓得心虚了。等到茶师全都装束完，最后一个举动就是拔出他的剑，挥向半空，然后棒喝一声，停在空中。因为他也不知道再往下该怎么用了。茶师举剑停在空中后，浪人扑通就给他跪下了，说："求茶师饶命，你是我这辈子见过武功最高的人。"

茶师将心灵的勇敢与镇定都化作微笑，于是不战而胜，微笑能兵不血刃征服对手，更不用说和谐的人际关系了。

二 眼神

眼睛是心灵的窗户，而眼神则能透过窗户传递出内心的本质。梅兰芳先生小时候眼睑下垂，目光呆板，师父认为他不是学戏的好料，根本就没有一代大师的踪影。但后来他在扮演杨贵妃的时候，眼睛活灵活现、传神动人。

原来，梅兰芳家里养了鸽子，每天他跟着鸽子的运动轨迹练习眼神，因此在青年时期以后，他的眼睛神采飞扬，美丽灵动。

孙悟空的扮演者六小龄童的眼睛清澈明亮、炯炯有神，但是据说六小龄童接到《西游记》中美猴王戏份的时候，他的眼睛高度近视，暗淡无光，借用他自己的话就是"眼大无神，庙里泥人"。为了练习眼神，扮演好孙悟空的角色，六小龄童凝视太阳，用目光跟踪乒乓球的弧线，追逐香头的光亮，最终把发散的眼神变得坚定、有力。

戏曲界有句名言，叫作"一身之戏在于脸，一脸之戏在于眼"。眼睛是心灵的窗户，眼神不仅对演员来说非常重要，对我们普通人来说也十分重要。

如今随着低头族的盛行，像鲁迅笔下的祥林嫂那样"两眼间或一轮，方知是个活物"的眼神非常普遍，因此平时一定要多加训练。一个目光炯炯、明眸善睐的人和一个目光暗淡、眼神呆滞的人留给他人的印象有天壤之别。

模块二　亲和神态训练

礼仪小故事

我的礼仪师曾经跟我们分享他自己的故事：

他天生不爱笑，看起来非常严肃，这对于礼仪师是大忌。为了训练自己的笑容，他每天早上起来对着镜子练习。经过一年多的坚持不懈，现在的他看起来和蔼可亲，笑容可掬。无论是拍照、上课还是生活中，他都能笑得恰到好处。

一　微笑训练

方法一：对着镜子说“引”或“笑”。

方法二：首先，对着镜子，手握空拳，往两边拉开，说“一——”；接着，拳头往前，说“百——”；双手往外打开，放回到腰间，说“万——”。（此方法能展示出阳刚之气，更适合男士）

方法三：跟着音乐《太湖美》，笑容徐徐绽放，练习从一度笑到二度笑再到三度笑。（此方法比较温柔，更适合女士）

二　眼神训练

方法一：

定睛练习：在一张白纸上画一个黑点或红点，定睛看，从眨眼到很少眨眼。

转睛练习：眼球跟着手指从左转到右，从右转到左；眼球跟着手指从左上往右下转，再往右上转，相当于画“V”；眼球从左往上转，再往右转，再往下转，再往左转，相当于画圆。

方法二：

眼神笑：拿一本书，挡住鼻梁以下的五官，对着镜子只看自己的眼睛，让自己的笑容一点点荡漾开来，仔细观察眼神中的笑意。

亲和神态

单元练习

课后思考

1. 最真诚的微笑是哪个部位笑？
2. “两眼间或一轮，方知是个活物”这句话说明什么？
3. 微笑的主要特征是什么？
4. 灵动的眼神主要有哪些特征？
5. 如何理解“一身之戏在于脸，一脸之戏在于眼”？

案例分析

希尔顿旅馆的创始人康德拉·希尔顿出生于一个小皮货商贩之家。1919年，他接过父亲交给他的2 000美元，连同自己挣来的3 000美元，开始了雄心勃勃的旅馆经营生涯。当他的资产从5 000美元奇迹般地增加到5 100万美元的时候，他欣喜而自豪地把这一成绩告诉母亲。想不到，母亲却淡然地说：“依我看，你跟从前没有两样……事实上，你必须把握比5 100万美元更值钱的东西，除了对顾客诚实之外，还要想办法使每一个住进希尔顿旅馆的人住过了还想再来，你要想出这样一种简易、不花本钱而行之久远的办法去吸引顾客。这样的旅馆才有前途。”

母亲的话使希尔顿陷入迷惘，究竟什么办法才符合母亲所指出的“简单、容易、不花本钱、行之久远”这四大条件呢？他反复考虑此事，并亲自去逛商店、串旅馆，历时超过半年，总数要以千计。

功夫不负有心人，他终于找到了答案……

（资料来源：黄槟杰．哈佛大学礼仪公开课［M］．北京：北京工业大学出版社，2018）

根据上面案例，讨论并分析：希尔顿找到的答案是什么？他将怎样践行？

技能训练

1. 对着镜子练习眼神和微笑。
2. 同学之间相互评价眼神和微笑。

单元四 练就魅力声音

学习目标

知识目标

1. 了解声音对个人形象的影响。
2. 区分喉部发声和丹田发声。

技能目标

1. 能够正确使用悄悄话的方式进行练声。
2. 能够在练声的时候感觉到丹田的酸、累。

素养目标

1. 能够持之以恒地练习，培养恒心和毅力。
2. 通过训练提升声音的美感，愉悦他人的耳朵。

礼仪要点

悦耳，饱满，标准

建议学时

2 学时

自我设问

1. 我是否关注过自己的声音？
2. 别人如何看待我的声音？
3. 我地方口音严重吗？
4. 我讲话的时候口头禅多吗？
5. 我最喜欢谁的声音？为什么？

模块一　感知声音形象

礼仪小故事

"汪老师，我想约见一个客户，他对我很重要，但我约了几次他都拒绝我，你能帮我吗？"一位应届毕业生在电话里请我帮忙。

在经过我一系列的指导和讲解后，这名毕业生又找了个恰当的时间拨通了对方的电话，没想到对方爽快地答应了，于是他们约了见面的时间为第二个周五的下午三点。

他们在办公室见面以后，很快就把合作业务谈下来了。

后来这名毕业生问客户愿意见他的原因。

客户说："电话里听到你的声音，我就感觉挺可靠的。见到你本人后我就感到更可靠了。"

一　声音形象

跟人的形象一样，声音也是有颜值的，凡是讲话嘶哑的、不好听的、尖的、细的，一定会在某种程度上给你的形象减分。很多沟通大师都将声音称为"沟通中最强有力的乐器"。《吕氏春秋》中有："是故闻其声而知其风，察其风而知其志，观其志而知其德。"也就是说，听一个人说话的声音，就能知道这个人的风度；观察这个人的风度，就可以明白他的志趣；清楚他的志趣，就能知晓他的品行与德行。

二　魅力声音

动听的声音应该是饱满的，充满活力的，能够调动他人的感情。声音还可以反映出人的心态。细小、单调、乏味的声音能够轻而易举地催人入眠，它表现了说话者可能缺乏自信。

悦耳的声音能够强化一个人的美好形象，保持人们对你的积极注意力。而尖利刺耳的声音在悄悄毁坏你的形象。谁愿意让那种高频率、窄音域的声音刺激我们的双耳，扰乱我们的神经系统呢？曾有医生解释说，某种声音的频率确实属于噪音的频谱，它诱发人们产生不安的情绪，能够引起我们撕裂般的头痛。

心理学家的研究发现，人与人之间的交流 55% 通过视觉，38% 是通过听觉来实现的，只有 7% 是我们实际的语言内容。38% 的听觉交流是指语言表达，包括音质、音频、语调、语气、停顿等，这些被称为副语言。在电话交流中，声音占交流效果的

90%，因而很多通过电话销售的公司对雇员的第一要求是具有独特、动听、有魅力的声音。因为宽厚、低沉的声音让人感到权威、可信、可靠。如何运用声音交流还可以揭示你的性格是友好、热情、诚恳还是冷酷、无情、狡辩。顾客可以通过对声音的印象判断公司的性质、职员的专业化程度、服务态度等，声音在电话中向客户描述、展示公司的形象，那沉稳的声音，让人感到公司有信誉、可靠。带有浓厚的、难懂的地方口音，会影响你与他人交流的效率。

模块二　练就悦耳声音

礼仪小故事

我是教师，同时也是礼仪老师，有一次因为比赛的需要，我参加了录课，发现自己的声音带有很多杂质，并且听起来很闷，极其不舒服。为了改变音色，我向电台主持人学习发声，但由于环境的限制，我不能天天练习吊嗓子。后来了解了耳语练声法以后，我每天练习并朗读，半年之后发现自己的声音悦耳、清脆了许多。前阵子参加课程录制，同事说我的声音真好听。

一　魅力声音三要素

要想让声音有魅力，就要做到气息通畅、声音悦耳、吐字清晰。

第一，气息通畅。气息是发声的前提，如果只会用喉部发声，而不懂得气息发声，对于经常用嗓的人来说，容易造成声带损伤，声音嘶哑。

第二，声音悦耳。因为人的声带条件不一样，不可能个个声如洪钟，但是通过训练，可以让你做到气息通畅，让声音锦上添花，听起来更悦耳、舒服、优美。

第三，吐字清晰。讲话时，不要求字正腔圆，但要做到吐字清晰；不要求像播音员一样标准，但要让听众无需费力就能听明白意思，否则容易造成误会，或者成为笑柄。

二　耳语练声法

（一）定义与效果

耳语练声法是练气之法，就是通过讲悄悄话，让讲话者快速掌握科学用气发声的理论及方法，让声音变得悦耳，让讲话变得轻松。

正确的呼吸就是气沉丹田。丹田位于肚脐下三指的地方，也就是说，讲话时，如果这个地方感到累、酸，那就说明发声的部位对了，否则一定是喉部用力，这容易导致声音嘶、哑、尖、细、干，从而导致咽喉炎。有资料统计，46.1% 的教师都患有咽喉病，原因就是发声方法不正确。多年实践证明，耳语练声法可以有效解决发声问题。

用耳语法练声可以达到三美：美声、美身、美神。

美声。用耳语法练声可以起到以下三方面的效果。第一，小腹累，正确地气沉丹田了。第二，说悄悄话，没有声，但有字，有字就必须嘴皮子用力，因为吐字清楚不清楚，主要是看嘴皮子和舌头、两颊的肌肉是否有力。通过说悄悄话，这些部位得到了锻炼，天天练习，嘴的肌肉有力了，吐字就会清楚，就会传得很远。这样再也不会有声带方面的毛病了，再也不会声带充血了，再也不会嘶、再也不会哑、再也不会干、再也不会疼了，因为腹部紧张了，喉咙自然就放松了，也就是说中间部位解放了。声嘶力竭地喊，声带就充血，而悄悄话的形式，我们不发声，声带不颤动，喉部仍然是松弛的，所以它就得到了休息。

美身。耳语法起到美化身体的作用。第一，在练习过程中，腹部受累，相当于练习腹肌了，同时还能起到瘦腰的作用。第二，相当于全肺运动，因为当一个人呼吸浅、不会气沉丹田的时候，他的肺部只用了三分之一，新鲜氧气吸不进来；而用悄悄话练习之后，整个肺部就得到了扩张，吸进了新鲜氧气。第三，气色好。气色代表脸色。气和色是因果关系，气好了，血才好，血推着气行，气推着血行，血带着气走，气色好了，脸色才会红润。因此我们把悄悄话练好了也是美容秘方之一。

美神。当一个人气沉丹田之后，腹部收紧，肩部放松，下巴放松，脖子放松之后，给人的感觉就是气定神闲。气先定，神才闲，这也是因果关系，所以把悄悄话练好了，这种自信、神闲、沉着、淡定的状态就出来了。

和传统的练声相比，悄悄话练声还有两不的效果。第一，不吵。传统的练声方式声音很高，很多专业的需要跑到空旷的地方练习，以免影响他人。耳语法随时随地都可以练，不会影响他人。我们可以利用碎片化的时间在楼道里练，在厨房练，跟家人说话的时候练。第二，不累。因为声音放得低，自然就不累了。

（二）要诀

耳语法练声的三字诀是笑、手、镜。

笑。笑就是微笑着练，当我们面无表情地说话时，音色是灰暗的，但是一笑起来，声音马上变得圆润，因为微笑的时候我们的口腔是打开的，打开之后就有共鸣腔，声音就自然圆润了。因此同样一个人，微笑着讲话声音就好听。而且，微笑的时候舌头是往后缩的，这样舌头变灵活了，我们经常说大舌头、笨嘴拙舌，拙舌其实就是指舌头是僵的、硬的、大的。舌头往后缩就会软，说话也就灵巧了。尤其是平时说话不清楚的人，更要坚持着微笑练习。这样声音圆润了，吐字清晰了，气息下沉了。

手。手就是加手势练，也就是在练习过程中，加了手势以后说话就会手舞足蹈了，就生动形象、抑扬顿挫了。

镜。镜就是对着镜子练。镜子是最好的老师，脸上有无雀斑、有无皱纹，对着镜子就能看得一清二楚，所以说镜子是最不留情面的老师，对着镜子练习，一下子就能看出问题所在。

北京奥运会射击冠军杜丽，当时大家都以为她能得冠军，但她第一次没打好，心情非常糟糕，一副愁眉苦脸的样子。她的教练用了一个方法，拿了一个镜子，只要她心情不好，就让她照，她一看到自己很难看的表情，马上就强迫自己微笑。愁眉苦脸，如果不照镜子，自己是看不出来的，所以对着镜子练习，什么毛病一清二楚。另外，对着镜子看自己的双眼进行练习，思想就不容易开小差，也更容易投入其中。

悦耳声音

单元练习

课后思考

1. 为什么要学会用丹田发声？
2. 什么是耳语练声法？
3. 比起专业的练声方法，耳语练声法有什么好处？
4. 为什么练声的时候最好对着镜子练？
5. 为什么练声的时候要笑着练？

案例分析

海伦是个38岁的漂亮的阿根廷人，她刚刚晋升为英国某银行股市信息部主任。海伦非常自信、独立，对自己的事业充满了抱负和展望。在男性主宰的金融业，如同很多高级白领一样，她追求完美、卓越，以获得同事和下级的尊重，她努力开发一切能够为她增加领导力的资源。

海伦出身于一个良好的家庭，她坚信个人形象能够产生巨大领导力。因此，在个人外观形象的建立上，海伦付出了极大的努力，她要求形象设计师让自己身上的每一个部件都发挥“权威”作用。她也达到了自己的要求，塑造了一个无可挑剔的、现代的、强干的女管理者的形象。当有人委婉地提出她的声音可以重新训练，改变发声，会在听觉上为她增加“权威”时，海伦认为这无关紧要：“我从小就这样说话，我已经没法改变了。”确实，没有人告诉漂亮的、风度翩翩的海伦，她还有美中不足之处——那就是她的声音又尖又细，如同一个十几岁的女孩，这与她强大、独立的性格以及一个管理者的外在形象格格不入。她领导的小伙子们在背后称她“小海伦”。在她组织会议后，她开始注意到自己的声音确实产生不了权威。当别人争论，她试图插话时，别人好像根本就听不到她的声音。在电话中，人们常常误以为她是一位年轻的秘书，这让追求完美的海伦感到自己的权威并不被别人承认。同事丹尼尔说：“她那刺耳的声音与她的职务和外表毫不相称，每当她失去耐心时，声音更是变了质，听起来像一个十五六岁的女孩，而不是一个 38 岁的、成熟的、有权威的女人。”3 个月后，追求完美的海伦终于不能再忍受自己的声音破坏“权威”的形象，她决定自费去找演讲家学习新的发声法。她说：“不到这个位置上，也许我永远不知道自己声音的缺憾。虽然在 38 岁学习发声是件让人惊讶的事，但我别无选择。”

讨论并分析，海伦的声音为什么听起来没有权威感？怎样的声音是有魅力的、有权威的、可信赖的？如何训练？

技能训练

两人一组，用耳语练声法练习下面内容，在练习过程中要注意微笑和手势。（如果没有练习的伙伴，最好对着镜子练。）

1. 稀奇稀奇真稀奇，麻雀踩死老母鸡，蚂蚁身长三尺六，八十岁的老头躺在摇篮里。
2. 八百标兵奔北坡，八了百了标了兵了奔了北了坡。
3. 百炼成钢、万紫千红、花团锦簇。

单元五 修饰仪容仪表

学习目标

知识目标

1. 阐述化妆的重要性。
2. 记住 TPOR 原则。

技能目标

1. 学会化淡妆。
2. 能够穿对衣服。

素养目标

1. 善于学习，提升审美能力。
2. 通过外表的修饰增强自信。

礼仪要点

淡妆，得体，TPOR 原则

建议学时

4 学时

自我设问

1. 我化妆吗？
2. 在不同场合我的妆容是一样的还是不同的？
3. 哪些情况下我考虑更换服装？
4. 我知道穿衣和着装的区别吗？
5. 我着装是为了好看还是自信？

模块一 化妆技巧

礼仪小故事

某位高校教师，有一天参加课堂教学比赛，特意打扮了一番，头发盘起，一身职业装，看上去干净利落，非常不错。但是脸上的粉打得很白，口红涂得非常艳丽，耳朵上戴着大大的耳环，左、右手腕上套了好几个手镯，左、右手指上各戴三个戒指。赛后很多老师说，这样的打扮看起来很不舒服，一点儿教师该有的形象都没有。

在公共场合，人们在打量一个人时，讲究“女人看头”。女人看头就是看发型和化妆。有社交经验的女人都知道，在重要场合是要化妆的，这是基本礼貌。化妆是对交往对象和对别人的尊重，所以有必要掌握一些基本的化妆技巧。

一 化妆品的种类

化妆品主要包括基础护肤品（洗面奶、化妆水、乳液、隔离霜等）、粉底（BB 霜或者粉底液）、散粉、遮瑕膏（用于局部）、腮红、睫毛膏、眼线笔、眼影、唇彩或者唇膏、眉笔。另外，最好准备各种化妆刷以及卸妆用品。

二 化妆步骤

洁面→化妆水→乳液→隔离（此四步为妆前护肤）；BB 霜（粉底液）→遮瑕膏→散粉→眉→眼影→眼线→睫毛膏（假睫毛）→腮红→唇部

三 化妆技巧

Step1：基础护肤

洁面：根据自己的肤质选择护肤洁面用品，切记“洗脸之前要洗手”。

化妆水：使用时，用化妆棉蘸取化妆水由下向上、由内向外轻轻拍于面部。此时化妆棉起到了再次清洁皮肤的作用。

乳液：采用五点法将乳液点在额部、双颊、鼻部、下巴处，向上提升。

隔离：取适量点于面部，向下涂抹。

Step2：打底妆

分区域。打粉底时，不能整张脸涂得一样厚，给脸颊涂上较多的粉底，其余的根据下面划分的区域，控制用量。

区域一：眼睛下方颧骨部分需要好好覆盖的区域；

区域二：额头到鼻梁，眼睛和嘴唇四周是需要涂薄薄的区域；

区域三：脸框线条部分协调融合一下即可，涂的量最少。按照 1～5 的顺序通过改变 BB 霜的用量，用深浅不同的层次来提升脸部的立体感。

按压。沿脸部轮廓轻轻拍压粉底液或 BB 霜，这样底妆会更加服帖，不容易浮粉。

Step3：定妆

将粉扑均匀蘸取散粉，按照 T 形区、鼻翼、脸颊的顺序，轻轻拍压全脸，然后用大粉刷刷去多余散粉，让整个脸看起来均匀即可。

定妆粉的作用在于控油定妆，让妆容更持久。

底妆

Step4：画眉

工具 / 原料：

刮眉刀、眉夹、修眉剪、眉梳

详细步骤：

勾勒眉形。定好眉头、眉峰、眉尾的位置后，用眉笔将三点连起来，勾勒出大致的轮廓。

眉妆

细描眉毛。顺着眉毛方向一根根地细描。

梳理眉毛。用眉刷顺着眉毛方向梳理眉毛，但眉头部分需要反方向梳理，让眉毛更加立体自然。

备注：

眉头。眉毛内侧边缘一定要和鼻尖外侧边缘垂直对齐。

眉峰。眉毛弓形最高点在鼻尖外侧到瞳孔外侧之间的对角线。

眉尾。眉尾的位置是外眼角与鼻翼连接的延长线上与眉毛相交的位置。

Step5：上眼影

有一种眼影你怎么用都不会错，那就是大地色系。大地色系就是不同色彩倾向的棕色系的统称。

职业妆只用大地色系。

详细步骤：

打亮眼窝。选一个和你眼皮肤色相似但明度更高的一种颜色来把眼窝打亮。

刷眼皮。在眼皮上刷上主色调，注意从下到上是逐渐变淡的，与皮肤要实现无缝相接。如果不成功，这时候棉签就好比 PS 里的模糊工具，用棉签轻轻擦拭眼影最浅的地方，实现从有到无的自然过渡。注意眼尾的地方其实要比其他地方稍微重一点，还有下眼睑的地方也需要刷上一点，不过不要太多也不要太重，三分之一的眼睛长度就好了。

刷睫毛。在睫毛根部往上 2～3 毫米的区域中使用深色调，不易涂得太宽，同样也是由下至上从深到浅。在眼尾处适度拉长，下眼睑的尾部也要刷上一些，刷到眼睛中部即可。注意把眼角处的空白填满，不要留出空白。

Step6：画眼线

（1）眼睛稍微眯起来，不要想着一次画好，要慢慢温柔地向两边画，不要刺激到眼睛。稍微往旁边拉平眼睛，画起来会更加得心应手一些。

（2）用棉签之类的轻轻扫一扫，显得更加自然。

（3）用手稍稍按住眼皮，会发现睫毛根部还有未画好的部分，在此部位用眼线笔稍微画一画。

（4）稍微按压一下眼底，在下睫毛处轻轻画上眼线，不要画到过于内侧。

Step7：刷睫毛膏

（1）用睫毛夹把睫毛夹一下定型，遵循“先根部，再中部，后末梢”的次序，分三次夹卷睫毛，边夹边轻轻向上提拉。

（2）以水平方式拿起睫毛刷，从根部开始刷，在往上挑着刷时候，要呈Z字形左右移动。记住左右移动的是睫毛膏，而不是脸。

眼妆

（3）下睫毛也要跟上睫毛那样，从根部开始往上刷，但这个时候不要左右摇晃，以免睫毛膏刷到肌肤上。

（4）最后要竖起睫毛膏刷，按箭头方向向下刷，以便达到根根分明的状态。

（5）利用薄薄的刷柄部分，轻轻压一压睫毛根部，想要自然卷翘，而不是生硬的竖起的时候，就可以用这个方法。

Step8：腮红

（1）年龄区分。

年轻女子。适宜选浅淡色的腮红，如浅红、粉红、浅橘红、桃红色等。用圆形刷在颧骨处轻轻打圈的涂法或将腮红扫在靠近鼻翼处，都可以呈现年轻而可爱的妆容。

中年女性。玫瑰红、豆沙色、砖红等深色腮红为妥，较能衬托出端庄典雅的风范。在颧骨处往上刷到眼角的延长线上。

（2）场合的区分。白天上班或者外出时宜用浅色腮红；若出席晚宴、晚会时宜选择深色腮红。

（3）颜色的区分。腮红不仅能让脸部变小，在整体化妆妆容中还起着决定性的作用。粉红色系列腮红让脸部变得更加华丽。橙色、褐色系列可以有知性、健康的感觉。

Step9：唇妆

用粉底晕开双唇的轮廓。用指尖蘸取少量的粉底液，轻轻地晕开双唇的轮廓。

用唇笔标示出唇峰的位置。从鼻孔下方到上下嘴唇合线的三分之一处，然后在鼻孔中心正下方标示出唇峰位置。

唇妆

用唇线画出双唇曲线。用线自然连接唇峰标示点和唇角之间的弧度，把下唇唇角和上唇唇角连画在一起，在画的过程中，自然地把唇线晕开。（如果唇形漂亮，此步骤可以忽略）

在唇线包围的内侧涂抹上唇膏。注意仔细涂抹双唇内侧，唇膏不要超出唇线。

在双唇中央擦上淡色的唇彩。这样让双唇看起来更加立体，记住唇彩一定要避开唇线，沿内侧涂一圈即可。（可根据喜好不涂）

step10：卸妆

卸妆是每天必须进行的一项工作，如果卸妆不彻底，彩妆残留在肌肤上、毛孔里，很容易造成毛孔堵塞、细菌感染，皮肤容易出现各种斑点、痘痘等症状，因此卸妆很重要。

（1）眼部卸妆。将卸妆产品蘸在棉棒上，按压一会儿，使其充分吸收；垫上化妆棉（化妆棉也蘸取卸妆产品），轻轻按压眼皮部分，棉棒由睫毛根部向下抹去。记住要轻轻的，如果过于使劲，即使不疼，眼泪也会哗哗地流下来。下眼线也用同样的方法。

用化妆棉蘸眼部专用卸妆产品，在眼部轻按 5 秒，让它有充分的时间溶解在有防水成分的睫毛、眼线以及眼影上。之后由眼头向眼尾方向慢慢抹去，尽量避免过度拉伸眼部肌肤产生细纹。

（2）整体卸妆。换片卸妆棉，手法由下往上，由内到外，顺着肌肤的纹路，卸除脸上其他地方的彩妆，每个部分都需要轻轻地抹过去。

（3）脸部清洁。用洗面奶之类的脸部清洁产品，去除脸上残留的东西，进行全面的脸部清洁。

模块二　得体着装

礼仪小故事

某个夏日星期天，小李和几个外国朋友相约一起聚会娱乐，为了不失礼节，小李一早就对着镜子系上领带，西装革履地打扮好。上海的七月已是高温酷暑了，在一家农家乐餐馆坐定后，小李发现外国朋友都是T恤的休闲打扮。他们边吃边聊，很是开心，只有小李热得汗流浃背。饭后，大家相约去打保龄球，当小李摆好姿势用力把保龄球投出去时，只听到“嚓”的一声，西装上衣的袖子扯开了一个大口子，小李的脸一下子红了……

仪表就是指一个人的外表，主要指着装。着装内隐藏着一个人的情趣和习惯，是一个人的“象形文字”。服装不仅能弥补长相的不足，更能反映出一个人的性格、工作和潜力。得体、合适的着装可以提升一个人的气质，增加信心，凸显品位，留给他人良好的印象。

一 TPOR 原则

根据时间、地点、场合、角色的变化选择服装，以使服装具有一种“现场感”，容易被周围的人接受。关于这一点，我们可以采用世界服装界公认的 TPOR 原则。

TPOR 分别指的是时间（Time）、地点（Place）、场合（Occasion）、角色（Role）。

时间泛指早晚、季节、时代等。穿衣要考虑这些因素，注重时间变化以及时代的变化。比如冬、夏季节不同，既不能“美丽冻人”，也不能“捂汗包”，同时也要注意时代性，即正装也要顺应时代的潮流，既不要泥古不化，也不要刻意时尚超前。比如一位年轻教师参加微课比赛，结果她穿的服装像是 20 世纪 80 年代的大妈，被评委诟病，自然很难获奖。

地点是指不同国家、不同民族因其不同的文化背景、地理条件、历史条件、风俗人情，在服装上也显示出不同的格调与特色。

场合是线面兼容的概念，是服装艺术最后效果的综合体，人们所处的场合是千变万化的，因此，着装也应根据场合的变化而变化。在绿草茵茵的运动场上穿着笔挺的西装，在严肃庄重的办公场所穿着拖鞋，在喜庆隆重的婚礼现场身着运动服都会显得极不协调，这种不协调将会直接影响自身的形象。比如：穿着休闲服饰出现在谈判地点，会给对方带来漫不经心、不尊重自己和他人的感觉。又如：在运动场上，西装革履的人往往给人故意拿捏、矫揉造作，与人格格不入的印象。服饰选择是否符合场合，直接影响一个人的形象。

角色是指服装穿着要符合自己的身份，也就是平常所说的定位。在一个企业，无论你是管理者还是服务者，无论你处于组织结构的哪一层，你要履行什么样的职责，享受什么样的权利，这些都应该与你的角色相对应。如果你的角色是学生，则你的着装需要简单清爽；如果你是职场人士，你的着装不仅要得体，还要体现干练……角色不同，你的选择也不同。

TPOR 原则

二 扬长避短原则

着装要注意扬长避短，如果不能扬长，最起码要做到能够避短，千万不要把自己的缺点和不足堂而皇之地展现给大家。下面介绍几种男士和女士如何避短的选衣方法。

（一）男士避短法

1. 矮个男士选衣法

很多男士因为不够高，总觉得自己穿衣服穿不出想要的感觉。那么，怎样能够穿得显高呢？

（1）束脚，窄裤型会让人觉得相对瘦一点，瘦了就会显得高。

（2）提脚，可以多尝试九分裤，让裤子没那么长，就会有“拔高”的感觉。

（3）提腰，让腰线提高，可以选择中高腰裤，把 T 恤或者衬衣束进裤腰。

（4）尽量避免穿过长的外套等。让自己看起来精神干练不臃肿，就不会显矮了。

2. 体胖男士选衣法

瘦人穿衣的烦恼相对于胖人来说要少得多，瘦人只要不穿太紧身的衣服，让自己的精瘦暴露在外就可以。胖人穿衣就需要花费一些精力。

（1）颜色选择。鲜艳的颜色和暖色系以及浅色在视觉上有膨胀效果，所以要尽量避免，比如黑色和白色，自然要选黑色；彩蓝色和灰蓝色，自然要选灰蓝色。让自己的膨胀元素尽量降低，才不会显得更胖。条纹和图案类的，不能选择横条的，不能选择碎花的，否则会看起来更加宽大。

（2）款式选择。胖人选择衣服要掌握“度”，过紧的衣服或者过于宽松的衣服都会暴露你的缺点。因此胖人最好选择稍微宽松一点的衣服，不妨让领口低一点，裤脚高一点，裤腿细一点，把整体的视觉往上拉，避免横向发展。

（二）女士避短法

1. 娇小女士选衣法

体型娇小的女士宜选用简洁流畅风格的服装。

（1）在颜色上，以色彩素淡、线条简单、图案小巧为宜，并尽可能统一全身服饰的颜色，包括鞋袜。颜色过多或对比强烈都不适合。

（2）在款式上，大裤筒的喇叭裤、衣肩过宽的上装都不合适，也不宜穿长裙或低腰类的裙、裤和笨重的鞋子，以免降低人们的视线，暴露身材的缺点。

2. 矮胖女士选衣法

身材略显矮胖者，可利用衣着来创造高度：

（1）单一色可使身材有变高的感觉，选择同色的鞋袜效果更佳；直条、单襟都有增高的作用。

（2）宜选择素色或清淡的小碎花之类的面料；不宜选用闪光发亮的鲜亮衣料或大型图案的花色布和格子面料。

（3）应尽量选择式样简单的服装，避免一切横向扩展的线条。选择 V 领的服装能使短颈显得稍长。

（4）上装可适当短一些，使腿部显得修长一点。

（5）穿瘦长、紧身的裤子如牛仔裤，也能使短腿在视觉上增长。

（6）不宜穿下摆有印花的裙子。

（7）选择柔软贴身的面料，它能使你的身材看起来修长。

3. 腰粗女士选衣法

女士腰粗，那么服装腰部曲线不宜太明显，也不宜穿着紧身类针织衫，更不宜把上衣束在裤子里面。如穿裙子，裙腰以上的式样及花纹图案最好设计成倒梯形，而裙腰以下的式样设计成正梯形或正三角形，以淡化腰粗的感觉。

单元练习

课后思考

1. 女性为什么要化妆？
2. 眉毛分成哪三个部分？
3. 不管什么场合妆容都是一样的。这句话对吗？
4. 化妆的步骤是什么？
5. 着装讲究什么原则？

案例分析

（一）

上周末表弟结婚，我作为男方亲友代表到女方家迎亲。

那天，我跟平时一样，穿着随意，素面朝天，头发因为前一天晚上刚洗而蓬蓬炸炸的。

我跟着一队人马兴高采烈地出门，临行前，我妈跑过来对我说：“你把头发理一理，乱糟糟的。”

我不屑一顾：“又不是我结婚，您操这心干啥？”完全没当回事。

到了女方家里，大家坐着闲聊。表姐笑着打趣：“你这头发，确实够乱的。”

我隐隐感到有点不好意思，但还硬着头皮说：“这叫睡不醒头，凌乱美，懂吗？”

表弟听了哈哈一笑：“我说你好好的一个美人胚子，干吗这么作践自己啊！”

虽然是玩笑话，可是我顿时就意识到，我被嫌弃了！

因为我以这样一种不修边幅的形象出现，拉低了整体打分。

这件事虽然没有给我造成什么实际的不利影响，但是让我深深地觉察到了提升自身形象的必要性。

自己的随心随性、不修边幅，已经触发了妈妈的友情提醒和同辈人善意的玩笑，如果到了外人眼里，那就是不精神、不利索、不专业。

（二）

前天中午，有位同事新买的化妆品套装到了，她很热心地给办公室几位女同胞都试用了一遍。

我原本是不化妆的，但是确实也感觉到了妆容对于一个人的重要性。出于让自己试试看并渐渐习惯的心态，我没有立刻洗掉妆容。

那天下午，我去拜访一位客户，那是一位比较高冷的人，之前跟他联系拜访都不冷不热的。出乎意料，那天下午他很认真地接待了我。对，不是热情，是认真，不敷衍。

当时我心里挺纳闷的，这个态度让我感觉很舒服，是很久以来在他这里没有得到过的尊重感。客户怎么会突然变好的？

晚上回家洗脸的时候，我一下子就明白了。镜子里面的那个我，带着淡淡的彩妆，不是变得多漂亮，但是精神干练，气场提升了好几个档次。

（资料来源：https://zhuanlan.zhihu.com/p/52627412）

这个案例说明什么？

技能训练

1. 对着镜子练习化妆，同学之间相互点评。

2. 你要去见男友的父母，男友的母亲来自农村，是一位很朴实的农村妇女。根据上述情景，修饰你的仪容仪表。

三、职场活动篇

单元一 把握面试机会

学习目标

知识目标

1. 阐述面试礼仪的重要性。
2. 阐述面试三部曲的具体内容。

技能目标

1. 能够得体地准备自己的个人形象以及面试所需的材料和讲话。
2. 能够很好地展示自己，在众人中脱颖而出。

素养目标

1. 注重细节，把握住每一次机会。
2. 提升自信，面对任何问题能够做到从容不迫。

礼仪要点

得体，自信，从容，充分

建议学时

2 学时

自我设问

1. 我经历过面试吗？
2. 我印象最深的面试是怎样的？
3. 我需要为面试特地准备服装吗？
4. 我会不会面对面试官手足无措？
5. 我看上去值得信任吗？

礼仪小故事

由于老师在课堂上跟我们分享过人生感悟：好脸，好话。因此，在进入面试教室之前，我就提醒自己要得体地表达并且时刻保持微笑。

首先，面试官让我做了一个自我介绍。因为在老师课上学过“一简二活三口诀”，我知道，只有好听、好记，才能让面试官对我印象深刻。

因此，除了简单介绍了我个人信息外，我把自己的特点总结为三点：“真，奇，乐”。

真，就是认真，做任何事情都保持一丝不苟的态度。

奇，就是有好奇心，喜欢去尝试不同的东西并且善于发现。

乐，就是乐观，不轻易气馁，对任何事都保持积极向上的态度。

随着人才市场和劳动就业市场的不断发展和完善，通过受聘方式找到工作已成为时代的必然。在招聘、受聘过程中注意求职礼仪，能够更好地帮助你抓住每一次机会，以最快的速度找到自己理想的栖身之所。心理学家奥里·欧文斯说：“大多数人录用的是他们喜欢的人，而不是最能干的人。”一个懂得求职礼仪的人，在求职面试过程中更能得心应手，也较别人有更大的成功机会。如果“望之不似人君”，则会让人怀疑其工作能力。今天的商业社会，注重形象包装，即使有卓越的才干、丰富的经验，也得配合适当的仪表，才能让个人的潜能发挥得淋漓尽致，事业前途更加得心应手。

案例分享

在电影《当幸福来敲门》中，着装邋遢的克里斯是如何逆袭成功的？

首先，要展现自信。进门后，克里斯大步流星地走向面试官，与各位面试官握手打招呼。要注意的是，他跟每个人打招呼的用语都是不一样的，显示了对每一位老师的重视。

其次，要坦诚相待。在面试中，服装始终占有重要的比例。克里斯知道自己的穿着有问题，已经输了一局，如何扳回这一局？他在门外等待时已想出了很多种解释，最后却还是选择坦诚相待：进了警察局，之前在刷墙……他的坦诚反倒让面试官出乎意料。

最后，善于观察，抓住机会。一定要表达自己，这在面试中始终是重要的一环，如果前面没有机会表达，一定要找到机会表达出来。面试官问了几个问题后，克里斯知道自己处于下风，在看来没有机会的情况下，克里斯直接道出自己的优点：“我是这样的人，如果你问的问题我不知道答案，我会直接告诉你‘我不知道’，但我向你保证，我知道如何寻找答案，而且我一定会找出答案。”这段话在这场面试中为他赢得了几分，虽然面试官依然心存极大的疑虑。如果用曲线来形容，克里斯之前的状态已经到了标准线以下，凭着这段话，他又回到了标准线附近。赢面很小，如果后面没有突出的表现，输局就在这里定下了。但最终，他凭借着机智幽默、沉稳淡定反败为胜。正是在最后一个问题中，克里斯为自己赢得了机会。“如果有个人连衬衫都没穿，就跑来参加面试，你会怎么想？如果我最后还雇了这个人，你会怎么想？”“那他穿的裤子一定十分考究。”

这个衬衣的梗，在后面剧情里也有用到，当录用克里斯时，主面试官对克里斯说明天还是穿衬衣来，因为是你来公司正式上班的第一天。可见当时克里斯的面试给他们留下了深刻的印象。

正是克里斯的机智和幽默、刻苦认真的态度、坦诚真实的品质，再加上人力主管的极力推荐，为他在这个公司实习赢得了一个重要的机会，而这个机会给他后来的人生带来重大的转折。

心理学家马克和瑞安尼进行的招聘实验表明，申请人的形象决定了他们的面试结果，因此应聘者的形象比学历和资历更重要。虽然俗话说“酒香不怕巷子深”，但在短短时间内，面试官没有时间去考察你优秀的内在。因此，如果你不注重面试礼仪，很有可能就会失去入职的机会。

一般情况下，我们可以把面试分为三个阶段，也就是面试前、面试中、面试后。

一 面试前的准备

1. 妆不可没

参考自我提升篇单元五。

2. 着装原则

女性：优雅、美丽、精致；男性：稳重、整洁。

3. 着装指导

（1）外套是重点。参加面试，在衣着方面务必注意整洁大方，不可邋遢、花哨，也不可过分修饰。无论男装还是女装，首先都要合体。另外，面料的选择也不容忽视，因为好的面料更能衬托出合体。

男士应显得干练大方，女士应显得庄重高雅。叮当作响的珠宝饰物、过浓的香水、没拉直的丝袜、未修过的指甲或是蓬松的头发等，都会给面试官留下非常不好的印象。

总之，合乎自身形象的着装会给人以干净利落、专业的印象。

（2）职位是关键。应聘银行、政府部门，穿着偏向传统、正规；应聘公关、时尚杂志等，则可以适当地在服装上加些流行元素，显示自己对时尚信息的捕捉能力。除了应聘娱乐影视广告这类行业外，最好不要选择太过突兀的穿着。应届毕业生允许有一些学生气的打扮，可以穿休闲类套装。即使面试名企，也可以穿休闲类套装。此外，应聘时不宜佩戴太多的饰物，容易分散考官的注意力。

案例分享

在电影《时尚女魔头》中，安迪穿着平常的服装就去面试了：米色的中长风衣搭配一条黑色的长裤子，路上匆匆吃了一个洋葱汉堡。她要面试的是《Runway》(天桥)，这是一家顶级的时尚杂志，但安迪没有提前做功课，对杂志本身以及杂志的文化都知之甚少。艾米莉是第一个见安迪的人，她眼中的安迪与走在时尚尖端的杂志社极不相称，甚至用一句"人事部很幽默"来嘲讽格格不入的安迪，嘴巴里的异味也令设计师奈吉诟病。

4. 讲话准备

有的考生各方面条件都非常好，但因为临场没发挥好而被淘汰，那就非常可惜了。

例一：有一位考生参加教师资格证面试，他看起来非常精神，无论是长相、个子、着装都堪称优秀。刚开始介绍时，我们都觉得他非常不错，但讲着讲着他好像什么都忘了，没结束就主动说自己放弃了。

例二：一位考生说自己在面试的前一个星期，对着镜子练习了好多次，从自我介绍到自己准备的每一个问题，再到结束部分，她都一一说完，并且把自己的声音录下来，看看自己有没有站而不定、表情僵硬、眼神飘忽、讲话语速过快、多口头禅等问题。到面试那天，对于问题的回答她表现得谦虚而又不失自信，面试官看起来十分满意。

当我们走进面试的写字楼时，最好不要四处张望，直接坐电梯到达面试公司。如果你有吃口香糖的习惯，一定要在走进大楼前将口香糖吐在纸上，扔进垃圾箱；手机最好关闭或静音，以免在面试中分散你的注意力。为了能够做好充足的准备，你最好提早到达指定的地方。

总之，面试前无论在个人形象还是讲话内容上都要做好充分的准备，以提高面试的胜算。

二 面试中的言行举止

面试中的入离座位、目光表情、递接物品、举手投足等都已经在前面模块详细介绍了，这里就不再赘述。

下面引用一个案例，说说如何在这个环节中脱颖而出。

案例分享

宝洁公司的最终面试是以多对一（多名面试官对一名应聘者）的问答形式为主，因此应聘者需要有较快的反应能力、清晰的思维能力与较强的表达能力。这时，在回答每个问题时我都会先用简要的语言概括，再辅以生动的例子和表情，这样便牢牢地抓住了面试官的眼球。

比如，面试官问道："你觉得自己和别人比起来有什么更加出色的地方？"

我答道："乐、施、行。乐，我是一个非常乐观积极的人，做事的时候我总能靠自己的感染力带给他人正能量和鼓励。施，我非常愿意向需要的人给予帮助，我和朋友们为了帮助贵州山区的贫困孩子们建立一所希望小学，用了半年的时间去筹建募捐项目。行，我有很强的执行力，在做好募捐计划后，和朋友们坚持执行这一计划，在两年内募捐到了 100 万元并为孩子们建起了宽敞明亮的校舍。乐观积极、施人以助、执行力强，这就是我比较出色的特点。"

从以上的例子不难看出，讲话简洁、有逻辑非常重要，如果这几点都做好了，肯定会给面试官留下特别深刻的印象。

面试接近尾声的时候，考官一般都会将问题权利反抛给面试者，也就是说给面试者一个机会提问。这通常是将自己的能力与别的面试者区分开的最后机会，却也是最容易被忽视的。很多人会简单地问"面试结果什么时候出来""工资多少"之类的问题，如果你事先了解过公司，针对细节提出问题，那就更好了。

三 面试后的善后工作

在求职的过程中，许多求职者只留意面试时的礼仪，而忽略了面试后的善后工作。以下是三点建议，供求职者参考。

1. 写感谢信

写感谢信旨在加深招聘人员的印象，增加求职成功的可能性。在面试后的一两天内，你最好给某个具体负责人写一封短信，感谢他为你所花费的精力和时间，为你提供的各种信息。

2. 耐心等待

一般情况下，不要过早地打听结果，因为招聘单位需要三五天时间才能最后确定是否录用，所以在这段时间内，求职者最好耐心等待。

把握面试机会

3. 电话询问

如果一星期之内没有接到回音，你可以给主试人打个电话，问他是否已经做出决定了。这个电话可以表示出你的兴趣和热情，还可以从他的口气中听出你是否有希望。如果落选了，你应该虚心地向他请教你有哪些欠缺，以便今后改进。

面试不仅对应聘者来说是一个挑战，对面试官来说也是挑战。因为面试官与应聘者一样，都要与陌生人说话，而且还要讨论许多严肃的话题。

单元练习

课后思考

1. 面试前需要做哪些准备？
2. 如果面试迟到了，你会怎么办？
3. 什么是面试三部曲？
4. 如何给面试官留下深刻印象？
5. 面试后需要做什么事情？

案例分析

一个投资公司的总裁，就因为应聘者进门不敲门、没有穿西装而断定他“不懂规矩”。虽然他的公司平日里也并不要求西装革履，但是这个面试者却给他“不珍惜面试机会”的感觉，他断定“不懂规矩、不懂得珍惜的人是不可靠的”，这个面试者5分钟就被客气地告知“我们将电话通知你”。而另一个公司的决策人，看到应聘者在等待面试期间与前台过于亲密地聊天，就下结论“此人轻佻，人品有问题，不知道自己来干什么的”。

阅读这个案例，然后结合课本内容，讨论并分析如何把握面试机会。

技能训练

情景1：一家从事电商业务的公司正在招聘销售业务员，你打算前去应聘。

情景2：你已经通过了教师资格证考试笔试，下个月你将参加面试。

选择其中一个情景，以小组为单位，分角色进行情景模拟。

单元二 职场时尚穿搭

学习目标

知识目标

1. 阐述职场穿搭要领。
2. 阐述职场着装的禁忌。

技能目标

1. 能够根据角色定位挑选专业且时尚的服装。
2. 能够挑选合适的西装。

素养目标

1. 善于学习，提升审美能力。
2. 通过外表的修饰增强自信。

礼仪要点

得体，专业，时尚

建议学时

4 学时

自我设问

1. 职场穿搭跟学生时代的着装一样吗？
2. 专业的职场穿搭都是深色吗？
3. 职场都是穿套装吗？
4. 我知道权威的服装颜色吗？
5. 我有晚会的服装吗？

模块一　职场新手着装

礼仪小故事

小王是一所高校刚刚毕业的大学生，入职一家银行担任销售经理，推销信用卡。有一天，他出去推销信用卡，但依然保持大学时代的着装风格，T恤衫、牛仔裤、运动鞋、双肩包，人家对他根本就不信任，以为他是骗子，所以推销特别难。

作为职场的新生代、社会的新鲜人，首要考虑的就是所在企业的穿着文化。崇尚自由的企业与凡事严谨的企业，对旗下员工穿衣要求自然不同。同一家企业内，分工不同，对服饰的要求也不同。如果一个人外事活动较多，其服装配色就应比办公室内的文秘人员更加慎重。因此，要想穿对衣服，首先就要对自己准确定位，掌握“随境而穿”的原则。如果从事贸易、金融、保险、法律、销售等行业，不妨穿得中规中矩，比如深色的西装、领带、长大衣以及经典的白衬衫，这样看起来会比较稳重、诚恳、有效率、有安全感；如果从事设计、广告、出版等讲究创意和灵感的工作，则可以自由一些，在衣服的色彩和款式上都有发挥余地，如猎装和夹克还可以带来一点权威感。

一般来说，从事传播、广告、服饰业的人观念自由开放，即使是职业装也相对自由、随意，而金融业、营建业、创造业的穿衣风格以保守居多。资讯、电子、通信、网络等新兴行业，对流行潮流比较敏感，对服装的选择搭配则呈现两种极端。这些新新人类一般都自认为是走在时代前端的人，他们一方面觉得穿衣不能太守旧过时，但为了应付偶尔必须出席的正式场合，衣柜里也少不了正统的西装组合，只是离开公众场合之后，工作服装又显得十分随便。

作为新人的你所表现出来的态度与留给他人的印象，不仅要角色清晰，还要使人重视且认为能胜任工作职责。清新搭配的穿着，可以给人充满清新有朝气的第一印象，而稳重的装扮，让人与你接触时，能发现你的谨慎积极，进而对你产生信赖。但无论如何，都要选择和自己的身份、职位相符合的穿着。

一　职场新人之女士穿搭

（一）单品衬衫

步入职场，衣柜中或多或少都要有衬衫的存在，因为衬衫更显正式，无疑是一款必备的单品。但是衬衫在职场中的穿搭也要视场合而定。正式场合穿的衬衫，不仅要合体，还要注重面料，不要选择易皱或松松垮垮的款式，看起来不利落、没精神，合身的衬衫会更显精神风貌，容易给人留下好印象。

（二）高跟鞋

大学时期穿的最多的就是运动鞋了，休闲舒适，但是不适合职场。职场中女性穿上高跟鞋更显气质。穿后跟为 5 厘米左右的高跟鞋，有气场的同时又不失舒适，当然，黑色的高跟鞋更为经典、百搭。

要注意露脚趾的高跟鞋以及露后跟的拖鞋式高跟鞋都不适用于职场。

（三）配饰包包

职场中手表是最常见的饰品，看上去端庄大气，又具有实用性。另外，一些耳饰、手饰、项链以及胸针都是职场中的点睛之笔。但是，饰品不能过于夸张，不然给人以过度注重打扮、不稳重、太过于张扬等不好的印象。当然，饰品的样式不能过于休闲。

对于包包的选择：职场中手提包更为正式、方便。双肩包过于休闲，不适用于职场。尤其是帆布包，更不适合。

二 职场新人之男士穿搭

同女士一样，衬衫也是男士的必备单品。整洁、利落、合体同样是首要考虑因素。另外，西装是职场的标配。一般场合下，休闲西装不会过于正式，搭配起来也比较随意。和衬衫、西装外套一样，西装裤也有正式和休闲之分。

除了必要场合，在日常职场中，穿偏休闲的西装裤即可。和西装裤不同，休闲裤会更宽松、更随意，穿起来也会比西裤更舒适，适用于所有非正式的职场穿搭。步入职场后，请务必把皮鞋纳入自己的鞋柜。

离开校园，成为一名真正的职场人，穿搭意识的改变比你今天穿了什么更重要。

职场新人穿搭

模块二　职场时尚着装

礼仪小故事

一家外贸公司的潘总曾经跟我说他有两个业务员，分别是小张和小陈。小张会打扮，但业务水平一般；小陈业务能力强，但不修边幅，尤其做了妈妈以后看起来更加邋遢。潘总每次都是派小张去接待客户，后来也提拔了小张，却一直没有告诉小陈得不到重用的原因。

一 “白骨精”着装

精干出众的玫瑰是杜拉拉的顶头上司，在职场拼杀了多年，是魅力无敌的“白骨精”。她性格硬朗，服装多是黑、白、灰或者深蓝等较暗的颜色，加上偏重职业的服装风格，干练又时尚，十足的职场精英感，折射出她的领袖气场。

黑色，永不过时的职场经典色。及膝的连衣裙，配以恰到好处的饰物，将身材很好地衬托出来，将个人的品位优雅地呈现出来，给职场带来一股清风。

二 不同职场阶段的时尚着装

我们再来看看杜拉拉从职场菜鸟晋升为 HR 经理的四个阶段中，她的服装造型的变化。

第一年，杜拉拉刚入职，担任 DB 公司的行政秘书一职，她的着装主要以黑白色系的 H 型职业装为主，中规中矩。这是她第一天上班时的穿着，普通且经典：黑白灰色调的条纹格子衬衫搭配黑色直筒短裙，扎一个马尾辫。到了公司门口，脱去白色帆布鞋，换上白色平底船鞋，透露出浓浓的学生气息，散发着青春活力，也折射出杜拉拉初入职场的稚嫩。

第二年，她开始尝试不同的造型，连衣裙配腰带、雪纺上衣搭配工装阔腿裤、泡泡袖西服配挽裤腿九分裤、吊带背心裙、绿色高跟鞋等，反映出她在寻找穿衣的感觉。

第三年，杜拉拉升职为销售总监的秘书后，她的服装造型基本已经模式化，主要以连衣裙为主。连衣裙对职场精英来说是一个很好的选择，简单易穿，而且能够凸显人的身材和气质。在色彩方面，搭配各种印花图案，以及宝蓝色、亮紫色、鹅黄色、红绿色等丰富多彩的颜色，女人味十足，但过于鲜艳的颜色或者过多的饰品不太适合职场的着装。

在最后一阶段，杜拉拉终于晋升为 HR 主管，她找到了属于自己的独特的搭配风格，造型多以 X 型为主，必备的服装要素包括连衣裙、腰带、手镯、耳环、高跟鞋和包，连衣裙多为 V 领。头发盘起，简约大气，既显得干练也不失女人的优雅韵味。

这部电影的背景是一家外企，崇尚“自由、创新”，在这样的公司，服装不乏创新、突破，作为职场的时尚着装，很多服饰可圈可点，但在我们一些国有企业和民营企业中，如果穿戴过于性感艳丽，摇曳生姿，这是不恰当的；另外也为了跟大家团结一致，不要太别具一格。杜拉拉在担任销售总监秘书阶段的着装，几乎每套服饰都配有大而夸张的饰品，印象最深的是她的耳环和手镯，给人一种奢侈的感觉，不太适合大部分的职场。

三 男士西装穿搭

男士穿着西装跟女士穿着职业装、时装一样，重在搭配。

（一）两件套西装

电影中男主角王伟的西装为灰色或蓝色，衬衫的色调基本是蓝色、白色或浅灰色，再搭配相应的领带，着装正式、稳重，又不失时尚感，是典型的外企男形象。

职场上，穿西装是最为稳妥和安全的。在颜色选择方面，职场最好穿深色的西装，比如灰色、暗绿色和深蓝色，给人以稳重、忠诚、干练的感觉。在面料选择方面，最好选择天然织物做成的西装，因为人造织物的光泽和质地给人一种廉价的感觉，缺乏垂感。

品质好的西装能够满足穿着的基本要求，即合体、挺括、有形、有质感。有道是“西装一半在做，一半在穿”，西装的穿搭有以下几点讲究：

（1）裤管的宽松度适中；

（2）裤围的空隙为一手掌；

（3）鞋子、皮带、公文包三色统一；

（4）衬衫的经典色为蓝和白；

（5）领带宽度以 7.63 厘米为佳；

（6）领带处于皮带扣上方；

（7）西装 V 形贴合身体曲线；

（8）衬衫露出西装袖口 1～1.5 厘米。

（二）三件套西装穿搭

三件套西装是指外套、裤子和背心。

很多人可能认为三件套西装只适合婚礼上穿着，实际上在职场或者是非常正式的商务场合也是一个很好的选择。比如你站着当众讲话的时候，即便把外套脱了，也看起来很得体。三件套的穿搭要记住以下几点：

（1）马甲颜色最好跟西装相同，以免不懂色彩搭配导致不协调；

（2）领带颜色可以选择鲜艳点的，因为只有小部分可见；

（3）马甲底部的扣子不要扣上，长度能够覆盖裤腰线；

（4）穿三件套永远不要配腰带。

在职场上，无论是男士还是女士，着装要专业且时尚，其中，服装、配饰、妆容、发型等都是穿着得体的重要元素。职场着装要展现出职业感、专业感、品位感、时代感。对于男士而言，有领的上衣比无领的正规，带纽扣的上装比拉链的正规，长袖的上装比短袖的正规，系带

职场时尚着装

的皮鞋比不系带的皮鞋正规，裤装有皮带的比没有皮带的正规；对于女士而言，穿着有跟的皮鞋比无跟的皮鞋正规，佩戴耳钉时不带坠的饰品比带坠的饰品正规等。

总之，得体的着装要求我们能够做到：衬托你的身体特征——最好能够经常锻炼身体，保持优美的体型，让着装更有味道；表达你的独特个性——从穿着的服饰中寻找最为舒适的、一贯风格的自我；符合当下的时尚坐标——有着敏锐的时尚嗅觉并能够做出细微的改变；适合当时、当地的场合角色——用不同的样式来平衡生活和衣橱。

模块三　公司晚会着装

礼仪小故事

公司举办的晚会，是职场的延伸，除了为晚会策划方案的同事忙碌着，想必很多要参加晚会活动的员工也会有一点烦恼，那便是晚会活动的着装问题了。公司的晚会活动上应该要穿什么衣服呢？是穿随意点好还是隆重点好？

我们依然跟着《杜拉拉升职记》学习晚会着装。

在影片接近尾声的时候，玫瑰得知了杜拉拉与王伟的恋情，还爱着王伟的她在部门合并时选择了辞职，年会上她邀请王伟跳舞做最后的告别。王伟黑色衬衫搭配黑色的西装，显得优雅稳重，玫瑰宝蓝色的晚礼服裙裾飞扬，斜肩露背的剪裁性感又多情。两人在一曲高贵动人的探戈名曲《只差一步》的配乐下，翩翩起舞。

杜拉拉因为晋升为HR经理，在年会上需要忙前忙后，故选择了深V领小黑裙配细腰带，看上去既利落又不失精干。说起小黑裙，可能大家不禁会想起奥黛丽赫本在《蒂凡尼的早餐》中的经典小黑裙。它是一直不变的经典，也一定是永远都穿不腻的时尚单品。而海伦和伊娃则因为撞衫，两人颇显尴尬。

一般来说，男士如果没有准备燕尾服，黑色的衬衫和西装也是不错的选择。

关于公司晚会的着装，有以下三点建议：

（1）晚会活动是公司一种比较轻松的聚会活动，着装问题也是相互之间实力和品位的比拼。需要注意的一点就是千万不要撞衫，特别是在时尚、文化方面的公司。

（2）晚会活动着装需要根据晚会举办的地点、主题等来判断，看看是否有特定的着装要求。

（3）公司的晚会活动其实也是一种很重要的场合，参加活动着装可随意，但千万别随便。

单元练习

课后思考

1. 什么是 X 型？

2. 在房产、银行、电信、移动等公司，为什么管理层或职员都穿职业装？

3. 职业装就是西装，这句话对吗？

4. 为什么很多专业人士建议新入职场女士首选一套黑色的西装？

5. 晚会着装有什么讲究？

案例分析

在第一届上交的微课大赛作品中，北京某中学的一位年轻教师着一身灰色的套装，但款式老气，评委老师说她的穿着就像 20 世纪 80 年代的大妈，印象分大打折扣。

这个案例说明什么？

技能训练

假设你是一家电子商务公司的业务员，你要去一家企业陌拜其总经理，你如何打扮自己？

如果你认为自己没有合适的服装，请从网上商城挑选，然后请老师或同学点评。

单元三 规范行为举止

学习目标

知识目标

1. 阐述一些礼仪或习惯的由来。
2. 阐述职场中的尊卑顺序。

技能目标

1. 能够展示规范的行为和举止。
2. 能够根据情境的不同变通行为举止。

素养目标

1. 培养良好的职业素养。
2. 提升职场竞争力。

礼仪要点

问候礼仪，握手礼仪，介绍礼仪，名片礼仪，乘车礼仪，电梯礼仪，敲门礼仪，引导礼仪，鞠躬礼仪，送别礼仪

建议学时

4 学时

自我设问

1. 我有抖腿的习惯吗？
2. 配以手势数数餐桌上有多少人，我会怎么做？
3. 路上碰到老师，我是默默躲开还是主动问候？
4. 如果我去拜访客户，对方门开着，我要敲门吗？
5. 搭乘老板的车子，我坐哪个位置？

模块一　问候礼

礼仪小故事

我们单位里有很多清洁工，他们的身影无处不在。楼道上、走廊里、洗手间……我每次路过，都会主动打招呼：“大叔好”“阿姨早”，他们总是笑呵呵地看着我，特别开心的样子。记得一天早晨，我在食堂的拐角处看见一位保洁阿姨正在打扫，便亲切地叫了声“阿姨早”，她一副惊慌失措的样子，然后咧着嘴笑开来，赶忙说：“老师早！”

在我教室边上工作的保洁大叔就比较熟悉了，只要我有需要，他都会很主动地帮忙，分文不取。

问候礼包括以下两个方面：

1. 致意

问候即致意，即以某些约定俗成的动作向他人问候。常见的有点头致意、欠身致意、脱帽致意、挥手致意。

2. 问候语

问候语的具体形式有三种，分别为普通型、谦恭型和时效型。

普通型：“你好！”

谦恭型：“您好！”

时效型：“早上好！”“周末好！”“新年好！”

在公共场合向他人致以问候，通常宜坚持三要：

第一，地位低者要首先问候地位高者；

第二，他人问候自己时，宜以相同方式问候对方；

第三，问候他人的具体用法宜简洁而规范。

礼仪要点：

五步目迎，三步上前，主动热情，面带微笑，微微点头，口有敬语，亲切有礼。

模块二　握手礼

礼仪小故事

2019年的一天，我应邀参加浙江台州某公司的互联网峰会。在公司门口迎接我的是一位销售经理。他伸出手跟我握手，面带笑容地说：“欢迎汪老师光临！”但是他的手不但看起来没有生机，握起来也冰冷、松软、毫无热情。握手的几秒钟时间，他就传递给我一个信息：公司没有给员工进行过职业训练，看来公司的层次也不会高。

无论是在工作场合还是社交场合，双方会面以握手来表达欢迎问候之意，已成为国际上最通用的见面礼。握手看似简单，但为何握、如何握、谁先握却有着一定的礼仪讲究。

一 为何握

右手相握的握手礼源于欧洲。其起源有两种公认的说法：一是远古人类在狩猎和战争时，手上经常拿着石块或棍棒，遇见陌生人时，如果大家都无敌意，就要伸开手掌互相抚摸，以示没有武器；二是在中世纪欧洲战争期间，穿盔甲的骑士如果表示友好，就会脱去头盔和甲胄，伸出右手，互相握手言和，由此延续至今。一般来说，握手用右手，男士之间握手不能戴手套，戴帽时须脱帽，或用左手将帽檐往上轻轻一抬，而女士在社交场合则可以不用脱帽和摘去薄纱手套。

通过握手，双方有肢体接触，这样能更真实、细腻地向对方传递信息和情感。据中国权威的科普网站——果壳网报道：美国伊利诺伊大学心理学家桑达·道尔克斯（Sanda Dolcos）的研究表明，握手是一种社会化学信号传递的方式，握手的时候能够刺激大脑中的神经回路，给对方营造一个友好、值得信赖的积极形象。

二 如何握

1. 手势

规范的手势应当是手掌自然伸直，掌心向内、向上，四指并拢，拇指靠近，手腕伸直，使手与小臂成一条直线。肘关节自然弯曲，大小臂的弯曲以140度为宜。

在出手势时，要讲究柔美、流畅，做到欲上先下、欲左先右，避免僵硬死板、缺乏韵味。同时配合眼神、表情和其他姿态，使手势更显协调大方。

2. 要领

握手虽然只是一个简单的肢体动作，但有一些基本的礼仪要领。

（1）握手要全握。握手的基本握法是双手虎口相交，手掌相握。男女相握则有所不同，从男士角度要体谅到女性的矜持，轻轻握住女士的四指，不可太紧；从女士角度可以伸出四指轻轻与男士半握。但在职场，握手没有男女之分，所以都要全握。

（2）握手要紧握。用力相握才能表达出热情，但力度要掌握好：握得软绵无力，对方会觉得你在敷衍他；握得太重，让对方感受到的可能不是你的热情，而是你的粗鲁。

（3）握手要有时。握手一般握二三秒钟即可。既不要像触电似的一握就松，让对方感觉你在走过场，也不要长久握住不放，显得热情过度，尤其是对女士更不要久握，以免带来尴尬。

（4）握手要微笑。职场有句话："没有面带微笑，就不能说有完整的工作着装"。苏格兰也有句谚语："微笑比电便宜，比灯灿烂。"只有面带微笑地握手，才能充分地表达出真挚的欢迎和热情。

（5）握手要注视。微笑离不开注视的眼光。人们常说："真诚的微笑来自眼睛，而不是嘴角。"由于文化背景和人种差异，西方人握手时习惯直视对方眼部，散发出真诚的目光，中国人习惯用虚光环视对方面部，流露出亲切的眼神。

（6）握手要问候。握手是用肢体语表达致意，同时也要配合口语问候。比如见面时说"你好""欢迎你"，告别时说"多谢""再见"；对上级说"欢迎指导"，对客户说"欢迎光临"等。问候要简洁有礼，可以适当寒暄，但不要说个不停。

（7）握手可因人而握。久未谋面的老朋友相见，双方可以双手紧紧相握；面对长者伸出来的手，晚辈最好双手接握；看望病人，右手相握的同时可以用左手轻轻拍抚对方。但不能态度有别：见了领导就点头哈腰地紧握；见了下属就伸出冰冷的手，判若两人。至于背着一只手去握，一只手插进口袋去握，拒绝对方伸出来的手，都是极其失礼的。

三 谁先握

双方会面，就有谁先伸手、谁后伸手的礼仪次序，一般而言：

1. 主客之间

客人到访，主人要主动伸手，以表达对客人的欢迎之情；客人告辞时客人先伸手，以表达离别之意。

假设一位公司的老板（主人）要和来访的客户握手，以下是握手顺序：

（1）客户无论是男性还是女性，主人都应该先伸出手，等待客户握手。

（2）如果客户是一对夫妇，主人应该先向男性伸出手，然后再向女性伸出手。

（3）如果客户是一群人，主人应该先向最高级别的人伸出手，然后依次向其他人伸出手。

总之，握手顺序应该尊重客户的性别、地位和社交礼仪。

2. 上下级之间

面见上级，上级有意握手，你才能接握；上级到基层视察工作，作为东道主的基层领导就应趋前主动伸手表达欢迎。上级与下级握手要体现出涵养和亲和。著名作家梁实秋曾讥讽某些“做大官或自以为做大官者，那只手不好握。他常常挺着胸膛，伸出一只巨灵之掌，两眼望青天，等你凑上去握的时候，他的手仍是直僵地伸着，他并不握，等着你来握。你还要及早罢手，赶快撤手，因为这时候他的身体已转向另一个人去”。

下级与上级握手要掌握好分寸。媒体人龙在宇曾说：不会握手的下级，大体分为两类，一类是只知伸手不会停手，一类是该出手时不出手。下级与上级握手，切忌握住上级的手不停唠叨。尤其上级不再发问，只是一味点头微笑时，下级就应当知趣。

3. 男女或长幼之间

男女或长幼之间，由长辈、女士先伸手。西方习俗是女士优先，中国美德是尊老爱幼，体现在社交场合上是否握手，要依从长辈或女士。长辈、女士有意握手时，你才能相握；长辈、女士若无意握手，点头致意即可。如果是长辈与女士之间，在中国，长辈可以主动与女士握手；在西方，女士可以主动与年长者握手。但在工作场合，女士则要淡化自己的性别意识，该伸手时就伸手。

4. 众人之间

众人之间，依先尊后卑的顺序。在社交场合，当不同身份、不同年龄、不同性别的人士相聚时，要按照先身份高者后身份低者、先长辈再晚辈、先女士后男士、先身边者后远处者等次序，依次相握。与众人握手时，注意不要交叉握手，不要握着对方的手却面向另外的人打着招呼。

总之，握手有先后，其原则是尊者在先。但在现实交往中，双方会面时往往都会主动伸出手来，表达欢迎和热情，不会拘泥于礼仪的先后次序。看似外显的礼节和礼序，其精髓却是心中有礼、尊重他人。

礼仪要点：

立正姿势，上体前倾；掌心相握，虎口相交；力度七分，时间三秒；微微点头，口有敬语。

模块三　介绍礼仪

礼仪小故事

在某一个社交场合，我朋友用食指戳着我跟他人介绍我，然后又用同样的方式把他的朋友介绍给我，这让我感到极不舒服。

在现代生活中，随着交通的发达、“地球村”的出现，人际交往随处可见。介绍是初次见面、彼此认识必不可少的环节。心理学家研究表明：第一印象的形成只需几十秒，但往往定格成最深刻、牢固的记忆，因此我们很有必要了解并掌握介绍礼仪。根据介绍人的不同，介绍可分为自我介绍、他人介绍；在介绍时，还应注意介绍的时机、顺序、形式等。

一 自我介绍礼仪

1. 自我介绍的时机

自我介绍首先需要把握和选择合适的时机。在没有别人介绍，或者介绍人示意大家做自我介绍的情况下，应主动做自我介绍。做自我介绍时，选择在对方情绪好、无干扰、有需求之时。不可打断他人的谈话。

2. 自我介绍的顺序

自我介绍标准化的顺序是“位低者先行”，即地位低的人先做介绍。主人先于客人做介绍；晚辈先于长辈做介绍；男士先于女士做介绍等。若你的地位高于对方，你也可先做自我介绍，没必要硬等对方先介绍，以免尴尬。

3. 自我介绍的形式

根据场合、环境的不同，自我介绍可以分为应酬式自我介绍、交流式自我介绍、工作式自我介绍以及礼仪式自我介绍。

（1）应酬式自我介绍。适用于一般性的社交场景，它主要是针对一般接触的交往对象。这种自我介绍最为简洁，往往只包括姓名一项即可。如：“您好，我叫×××。”“您好，我是×××。”

（2）交流式自我介绍。适用于重要社交活动中，是一种刻意的介绍。内容包括介绍人的姓名、籍贯、供职单位以及与交往对象的某些熟人的关系。如：“您好，我叫×××，在××大学工作。我是×××的同学，都是上海人。”

（3）工作式自我介绍。适用于工作场合，内容包括本人姓名、供职的单位及其部门、担任的职务或从事的具体工作。如：“我叫×××，在台州职业技术学院任教。”“您好，我是×××，是××公司的总经理。”

（4）礼仪式自我介绍。适用于报告、讲座、典礼等一些正式场合。目的是传递友善、表达敬意。内容包括姓名、供职单位以及职务等，同时还应加入适当的谦辞、敬辞。

在做自我介绍时，先向对方点头致意，得到回应后再向对方介绍自己。介绍时力求简明扼要，节省时间，通常以一分钟为宜，并可利用名片等资料加以辅助。自我介绍时的态度一定要亲切、大方、自然、不卑不亢，不可羞怯忸怩、左顾右盼。要勇于展示自己，树立自信，让别人产生希望与你交往的愿望。要把握用词的分寸，切忌一开始便炫耀自己的身份、门第、学识。也忌故意贬低自己，这会让人觉得虚假、不诚实。

二 介绍他人礼仪

1. 介绍他人的时机

介绍他人的时机一般有：接待彼此不相识的客人；陪同领导、长者、来宾时，遇见了其不相识者；被邀请为他人做介绍等。

2. 介绍他人的顺序

为他人做介绍时必须遵守“尊者有优先知情权”原则。即应把职位低者、晚辈、男士、未婚者分别介绍给职位高者、长辈、女士和已婚者，以示对尊者的敬重。因此，在为他人做介绍前，先要确定双方地位的尊卑，然后先介绍位卑者，后介绍位尊者，使位尊者先了解位卑者的情况，如晚辈先于长辈，男士先于女士。

3. 介绍他人的形式

根据实际需要，为他人做介绍时多采用以下形式：

（1）简介式介绍。适用于一般场合，只介绍双方姓名，甚至只提双方姓氏。

（2）标准式介绍。适用于正式场合，主要介绍双方的姓名、供职单位和职务。

（3）举荐式介绍。适用于正式场合，目的是将某人举荐给某人，介绍时通常会强调前者的优点和兴趣爱好。

介绍他人前，应先向双方打招呼，征求一下被介绍双方的意见，使双方有思想准备，以免让被介绍人感到措手不及而造成场面尴尬。介绍人陈述的时间宜短不宜长，内容宜简不宜繁。介绍时，介绍人和被介绍人都应起立，以示礼貌与尊重；待介绍人介绍完毕后，被介绍双方应微笑点头示意或握手致意。作为介绍人，在为他人做介绍时，态度要热情、友好、认真，切忌敷衍了事和油腔滑调。

介绍双方时，要一视同仁，不可以详细介绍一方，粗略介绍另一方。在社交、商务和政务场合，所介绍的内容也应加入自己的信息，它反映了介绍人对被介绍人的评价和看法。在介绍中要避免过分赞扬某个人，不要给人留下厚此薄彼的感觉。在介绍别人时，最好使用双方全名，或是用姓氏加头衔，以示郑重。

礼仪要点：

地位尊者有优先知情权；把下级介绍给上级；把晚辈介绍给长辈；把男士介绍给女士；把主人介绍给客人。

模块四　名片礼仪

礼仪小故事

在一次宴会上，某公司的李总把他的名片给了我。我把它放置在餐桌的左上方，本来想着过会儿放回包里，但没想到宴会结束后一直没放进来，直到回家后才想起。我们离开时，李总还和几位朋友继续待在那边谈事情，我觉得非常抱歉，也非常尴尬。于是我跟当晚也参加了宴会的同学联系，但同学说他也不认识，同学又跟另外的朋友联系。几番周折终于要到了李总的电话号码，我赶紧联系并且表示深深的歉意，同时向他要了微信的联系方式。后来我们也经常联系，成了好朋友。

有人说，名片像一个人的履历表，是最重要的书面介绍材料。名片虽小，但在与客户沟通过程中的作用却不容忽视。如果不注意名片礼仪，不仅不能使名片起到"自我延伸"的作用，反而会妨碍自己与对方的交流。

一　名片的放置

在办公室，名片可放于名片架或办公桌内。随身携带的名片应置于名片夹内，名片夹放于西装内侧的左边口袋或随身携带的手提包里，切不可随意放在钱包、裤袋之内。放置名片的位置要固定且便于拿取，以免需要名片时东找西寻，显得毫无准备且有失礼貌。不要把自己的名片与他人的名片或其他杂物混在一起，以免用到名片时错拿。

二　名片的递送

名片的使用范围很广，使用场合也很多。在商务交际中、初次会面时、自我介绍或分别时可以递上名片；对方询问你的姓名、地址时可以递上名片；发表意见或说话之前可以分发名片，以帮助他人认识自己。但切忌在用餐、运动、娱乐时发名片，因为此时进行的是非商业性的活动。

另外，递送名片要建立在双方均有结识意愿并想保持联系的前提下，如果在对方并没有意愿的情况下递送名片，则有故意炫耀之嫌。在与多人互换名片时，必须看清名片上是否是自己的姓名，切勿弄错。递交自己的名片时，先用右手捏住左上角的留白处，之后将名片顺时针旋转至对方的朝向，起身站立，持名片的高度应在腰部的位置，上身前倾 15 度左右，注视对方，面带微笑，以双手（有些国家用右手，但切不可用左手）拇指和食指执名片两角递给对方；名片正面朝上，文字方向是对方能顺着读出内容的方向；递出名片的同时顺带说一句“我叫 ×××，这是我的名片”“这是我的名片，请惠存”“请多多关照”之类的客气话。此外，自己的名字中如有生僻字或特别读法的字，在递送名片时不妨加以说明，也顺便把自己“推销”一番，使人有亲切感。

递出名片后要给对方留足读名片的时间，之后再问对方：“我能拥有一张您的名片吗？”与多人交换名片应讲究先后次序，或由近而远，或由尊而卑，一定要依次进行，切忌挑三拣四和“跳跃式”，以免引起误解。双方交换名片时，正规的做法是：位卑者先把自己的名片递给位尊者。不过一般情况下，不必过分拘泥于这一规定。

三 名片的接受

名片代表主人，因此应该像其主人一样受到尊重。当他人表示要递名片给你或和你交换名片时，你应立即停止手中所做的事情，起身站立或欠身，面含微笑，目视对方，用双手的拇指和食指接住名片下方两角，并说“谢谢”之类的客气话。

接受名片后应认真阅读。用半分钟左右的时间从头至尾认真默读一遍。遇有显示对方荣耀的职务、头衔时可轻轻读出声，以示敬仰。若遇到不会读的字，可当场请教对方。在阅读名片时最好依此程序：看名片→看对方→再看名片，把名片与人对应起来，以示对对方的重视和尊重。

阅读名片后，切勿将其随意放置，尤其不能装进裤袋或拿在手中摆弄。如果交换名片后需要坐下来交谈，先将名片放在桌上最显眼的位置，十分钟左右再自然地收好。切忌用物品压住名片；不要当着对方的面在名片上做谈话笔记，这些都是很失礼的做法。接受他人的名片后，一般应当即刻回送对方一张自己的名片，但应先收好对方的名片，不要一来一往同时进行。若对方递出了名片，而自己没有名片或没带名片，应当先向对方表示歉意，再如实说明原因。

四 名片的索要

1. 交易法

这是一种很常见的方法。先把自己的名片递给对方，并说：“× 先生，这是我的名片。”根据礼节上“有来有往”的原则，对方也会回递。

2. 谦恭法

当自己与对方之间的地位有落差时，可以用激将法，但是一定要注意说话的语气，做到委婉、谦虚，比如可以说：“尊敬的 × 先生，很高兴认识您，不知是否有幸跟您交换一下名片？”出于礼貌，对方一般会递送名片。

3. 联络法

就是以保持联络为由向对方索要名片，比如可以说："认识您很高兴，不知道怎么跟您联系比较方便？"对方明白用意，自然会递送名片。

礼仪要点：

面带微笑，注视对方；立正站姿，上身前倾；双手持物，正面朝向；称呼对方，介绍自己；注重时机，尊者后递。

模块五　乘车礼仪

礼仪小故事

某公司的苏总有一次邀请我给她公司的员工做礼仪培训。她说："我下班后经常会捎带小伙伴回家，但是他们坐在后排自己玩手机，让我觉得极不舒服。"

根据国际惯例，轿车上座次的尊卑之分并非一成不变。实际上，它们往往只是相对而言的。在一般情况下，确定一辆轿车上座次的尊卑时，关键的因素是要看驾车者是何种身份。

一　乘车座位

1. 轿车

假如驾车者是轿车的主人，通常应以车上的副驾驶座为上座。具体来讲，在主人驾车的双排五座车上，其他座次由尊而卑依次应为：副驾驶座、后排右座、后排左座，后排中座。在主人驾车的三排七座车上，其他座次由尊而卑依次应为：副驾驶座，中排右座，中排左座，后排右座，后排左座，后排中座。国外的影视片里常见这类镜头：当一家人乘车外出度周末时，通常开车的是丈夫，他身边坐的必定是其夫人，而后排座上，则会坐着他们的孩子与狗。在讲究礼节的外国人看来，假定主人亲自驾车接送客人，客人必须在副驾驶的座位上就座。倘若客人不止一人时，必须由其中身份最高者坐在副驾驶座上。假定就座在副驾驶座上的客人中途下车，则就座于后排的客人还须再推出一人去前排就座。当主人驾车时，副驾驶座假定空着，客人们却挤坐在后排座上，通常会被视为对主人的不尊重。

假如驾车者是专职司机，一般则以车上的后排右座为上座。这一做法主要是因为后排比前排安全，而且"以右为尊"又是排定并排座次尊卑的一种国际惯例。具体而言，在专职司机驾车的双排五座车上，其他座次由尊而卑依次应为：后排右座，后排左座，后排中座，副驾驶座。

轿车座次安排如图 3-1 所示。

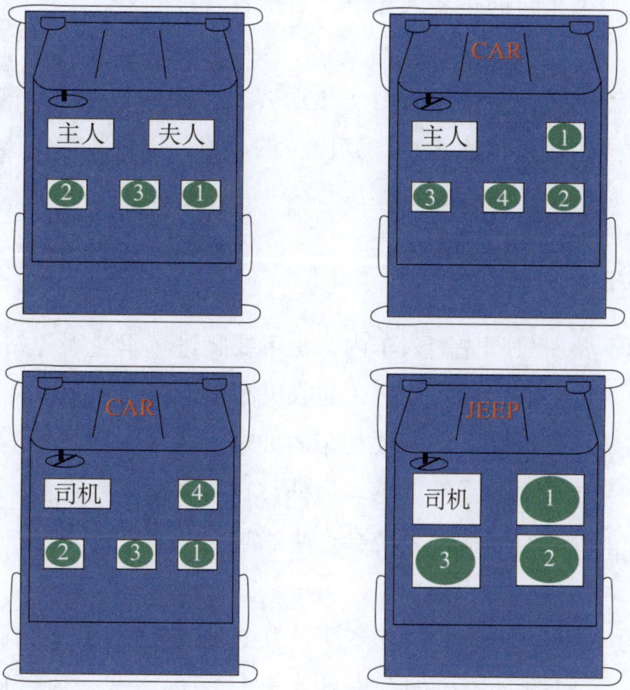

图 3–1　轿车座位安排

有人大概会问：“为什么副驾驶座在主人驾车时是上座，可当专职司机驾车时又变成下座了呢？”究其原因，副驾驶座被公认为轿车最危险的座位。当驾车者迎面遇险时，他往往会下意识地将自己闪避开来，因此坐在副驾驶座的人伤亡的概率是最高的。正因如此，副驾驶座不宜请妇女、儿童、尊者就座。在公务活动中，该座被称为“随员座”，一般属于秘书、翻译、警卫、助手、陪同的专座。当主人驾车时，客人坐在副驾驶座上，既是为了表示与主人“平起平坐”，也是为了显示与其“风雨同舟”。当车上别无他人时，若客人跑到后排座上就座，则未免显得过分惜命了。在商务交往中，掌握并遵守乘车的座次礼仪，主要适用于企业家进行自律。在面对自己的交往对象时，理当以上座相让，不过千万不要忘记，对方愿意坐在哪里，哪里即为上座。对对方的选择只能悉听尊便，而不宜指正。

2. 出租车或网约车

在国内，乘出租车或网约车时，很多人都有坐在副驾驶座位上的习惯，实际上最好坐在后排。我们也往往把这一习惯带到国外，因此很多外国朋友说根据打车者所坐的位置，就能推测出他是否是中国人。

3. 吉普车

无论是主人驾驶还是司机驾驶，都应以前排右座为尊，后排右侧次之，后排左侧为末席。上车时，后排位低者先上车，前排尊者后上。下车时前排客人先下，后排客人再下车。

4. 旅行车

我们在接待团体客时，多采用旅行车接送客人。旅行车以司机座后第一排为尊，后排依次为小。其座位的尊卑，以每排右侧往左侧递减。如图 3-2 所示。

图 3-2 旅行车座位安排

二 注意事项

（1）女士登车不要一只脚先踏入车内，也不要爬进车里。需先站在座位边上，把身体降低，让臀部坐到位子上，再将双腿一起收进车里，双膝一定保持合并的姿势。

（2）无论司机是否是烟民，都不要在车内抽烟，这是一种非常不礼貌的行为，容易在车内留下异味，引起车主或乘客反感。另外，在车内也不要进食，特别是煎炸之类味道大的食品。这对车内的空气循环系统会产生影响，从而减少寿命，也容易引起车主或乘客的反感。

（3）开关车门不要用力过猛。许多朋友在过去乘坐出租车时由于出租车车门难关，养成了大力关车门的习惯。如今网约车软件盛行，这一风气同样被带到私家车上，在下车之后，用力关门，让驾驶员及其他乘客吓一大跳。除此之外，对车门的损害也非常大，特别是对一些还配有电吸门的高级车型伤害更大。目前，普通的家用轿车门已经很容易关门，正确的做法是将车门推至十厘米处再轻微用力推，这样就能很好地关闭车门。

（4）某些上班族在乘坐网约车上班途中爱在车内吃早餐。吃完早餐后却将早餐包装袋放至座椅后方，又或是直接丢弃到车里，并没有带走。无论乘坐私家车还是出租车，每个人都不应该将个人垃圾遗留，为他人带来麻烦，这是最基本的礼貌。

（5）乘坐朋友或主人的车时，不要煲电话粥或只顾自己玩手机。这会让驾驶车辆的主人感觉自己完全是司机，产生反感。

（6）无论是驾驶车辆或者乘坐别人的车辆，都不要从车内往外面扔东西。

礼仪要点：

主人驾驶轿车，副驾为尊；司机驾驶轿车，后排右座为尊。

越野车，前排右座为尊；旅行车，司机座后第一排为尊。

模块六　电梯礼仪

礼仪小故事

小超被派去公司楼下接待前来拜访的客户。小超接到客户后，在带领客户等待电梯的过程中一直没有言语。当电梯门开之后，他请客户先进去，就在客户的人员全部进入电梯，小超准备进去之时，电梯的门却关上了，然后电梯缓缓上升了。

客户直接来到了经理办公室，经理没有看到自己派去的小超，便对客户说："我派了秘书去接你们，他可能与你们错过了。"客户就把刚才发生的事情讲述了一遍，经理满脸通红地向客户解释、道歉。可是小超回到办公室向同事们抱怨，说客户不等自己，不为自己摁住电梯，害他要被领导骂了。

领导送走客户后，叫小超进去，告诉他因为他的原因，公司为客户多让了 0.5 个百分点才把合作谈下来。希望小超日后多了解一些客户接待礼仪，绝不能再犯这样的错误，否则公司会辞掉他。

职业人士应该注意电梯职场礼仪，展现自己良好的个人素质和道德修养。

首先我们说说进出电梯的先后顺序。一般而言，乘坐无人驾驶的电梯，出于安全及方便的原因，我们应该先按住电梯按钮，让尊者先进入电梯，自己随后进入；或者先行进入电梯，一只手按住开门按钮，另一只手按住电梯侧门，让尊者进入。出电梯时，按住开门按钮，让尊者先出。乘坐有人驾驶的电梯，让尊者先进先出。

但是乘坐电梯不只是进出顺序那么简单，我们经常会碰到跟领导一起等电梯或乘坐电梯的情况，那该如何做呢？

网上的一项调查显示，71.45% 的人选择和领导进同一班电梯，19.19% 的人宁可爬楼梯，还有 9.35% 的人选择等下一班电梯。

虽然七成多的人会"勇敢"地选择和领导同乘一部电梯，但六成职场人表示"在和领导同乘电梯时会感觉不自在"。

案例分享

某集团董事长的办公室在公司大厦的 10 楼，他在每天上楼等电梯的时候经常会碰到一些员工和他一起等电梯。就在每天的等电梯、坐电梯的时间里，董事长通过仔细观察，将乘电梯的员工分为三等。

第三等员工，是董事长认为没有什么发展前途的，可能注定一辈子碌碌无为，这种员工是最多的。他们往往是和董事长一起上了电梯，自己按下了自己要到达的楼层，比如5层，然后帮董事长按下10层，等电梯到达5层后，自己下去，电梯继续上行。

第二等员工，是董事长认为有发展前途，但终究成不了人上人的。这种员工和董事长一起上了电梯，自己明明要到达5层，但为了节省董事长的时间，只按下10层，等到达10层后，看着董事长下去，自己再按5层往下走。

董事长认为，这种做法节省了董事长的时间，但是浪费自己的时间。这种员工知道为董事长着想，但不会替自己考虑，不会表现自己，往往将自己埋没。因此，即使将来在事业上有所成就，恐怕也不会有所作为。

第一等员工，是董事长认为最有可能塑造为领导的人，属于人中极品，但这种人少之又少，那就是这种员工和董事长一起上了电梯后，自己明明要到5层，但为了节省董事长的时间，只按下10层，但当电梯过了5层，继续往上行的时候，再按下5层，等到达10层，董事长下去，自己随电梯往下走。

董事长认为，这种员工虽然比第二种员工仅多考虑了一点，但就是这一点可以让自己脱颖而出，得到上司的赏识。这种员工既为上司考虑，也为自己考虑，把自己的良苦用心及时地表现给上司看，效果非常好。因此，可断定这种员工可成为人上人。

董事长最后总结道：评价和判断一个人是不是真有能耐，是否在公司中出类拔萃，除了学历、业绩等硬指标外，一些在生活中的细节才是最重要的考虑因素。

上面的案例只是谈到了按电梯，那如果只有两人在狭小的空间里，如何做又是另外一个问题。

据相关调查显示，62.58%的人选择了“打个招呼，然后沉默”，36.24%的人表示会打个招呼然后继续聊天，可还有1.18%的人选择了“看天花板或地板，装作没看到”。

电梯尴尬源自心理空间被侵犯，社会心理学对人的心理空间进行过研究，陌生人之间的距离要保持在1.2米之外，才不至于引起人的不安。电梯间是一个狭促密闭的场所，电梯间内的空间距离已经将人拉至朋友间的距离以内。在上班的高峰期，甚至达到亲人之间才能容许的距离，所以感到不安是正常的。如果在这个距离内遇到上司，那么平时的恐惧将会放大。

抓住机会，对领导不必“恐惧”。职场中乘电梯是困扰、是挑战，同时也是机会——电梯是一个很自然地接触领导并且让领导记住自己的机会。因此，平时可以多做功课，充分准备，以便抓住甚至创造机会。不过，这些取巧的手段都只是锦上添花之举，不能过度依赖。

（1）电梯里不是谈论工作的好地方，即便是领导问起，也要尽量长话短说。

（2）赞美对方衣饰方面的细节变化，能很快拉近双方之间的距离。

（3）身为下属的你最好站在电梯口处，以便在开关电梯时为上司服务。

（4）在电梯里讲话时不宜盯着对方的眼睛不放，目光可适当下移，以嘴巴和颈部为限。

（5）因电梯空间很小，所以讲话时最好不要有手部动作，更不能指手画脚，动作过大。

（6）如果上司正在思考或明显不想开口，那也完全没必要非找个话题。

（7）如果是一趟已经非常拥挤的电梯，那么应该请上司先上，你等下一趟。

（8）下电梯时要记得打招呼。如果上司先下电梯，你应该说一句“慢走”；如果你要先下电梯，你应该要向他打声招呼，如“我先走一步”。

（9）如果上司跟你聊起家常，那你应该表现得积极又热情，或者用上一点幽默，对领导的关心表示感谢。但要记住，一定不要在公司电梯里有第三者的情况下与上司谈他（她）的家事。

礼仪要点：

无人驾驶电梯，尊者后进先出；有人驾驶电梯，尊者先进先出。勇敢跟领导同乘电梯，找对话题，拉近距离。

模块七　敲门礼仪

礼仪小故事

作为一名班主任，每天都有很多事情需要处理，一天中很少有休息的时间，除了午饭过后那一小段休憩时间。但是每天中午都有很多学生因为一点小事过来打扰老师。针对这个问题，我和宋老师想出了一个办法，决定在门外贴一张纸，纸上写着“午休时间12:00～13:00，请勿打扰”。

一天，我们办公室的四位老师在饱饭过后，坐在自己位置上，静静地享受着午睡时光。突然“砰砰砰”的敲门声打破了这宁静的时光。随着一声“请进”，一位女学生急匆匆地进来，没有喊一声报告，径直走向她的班主任——陈老师面前，“老陈，老陈，我要请假，我不舒服，让我妈发信息给你了”。在陈老师给她签好请假条后，门“砰”的一声被关上了。我在心里想终于安静了，可以继续睡觉了。

没过10分钟，又来了两个男孩子，不顾贴在门旁边的指示，没有敲门，也没有问候，“哐当”一声，把门踢开了。不要怀疑，真的是踢开的，因为这个办公室的门并不结实，一个女生轻轻一撞，就能把这个门给撞开。这两位男生也是找自己班主任——徐老师请教数学问题。在问完问题后，这两位男生头也不回地走了，门也不关。徐老师看到这种情况，喊了一声："回来，把门关上。"这两个男生才转身回来，笑嘻嘻哈着腰，嘴上说着不好意思，把门给关上了。我在心里感慨这里的学生怎么连基本的敲门礼仪都没有。

看着没剩多少的午休时间，我决定还是要好好珍惜这剩余的时间。趴了一会儿，我自己班的学生们过来了，他们和刚才的几个学生一样，也不看门边的指示，在没有经过老师允许的情况下，"啷"的一声把门给撞开了，也不管我是不是在休息，站在我旁边说："汪老师，汪老师，现在是12点半，我们过来听写英语。"硬生生地把我给叫醒了。没有办法，我只能放弃自己的午休时间，给这些英语不过关的同学再次听写。在一个又一个同学听写完英语离开后，办公室终于有了久违的安静。我一看过去了2个小时，一个好好的午休时间就这样没有了。

敲门很简单，但何时敲、如何敲、推还是拉也有讲究。

一 何时敲

无论门是关着、虚掩着或者敞开着，进入前都应该先敲门，得到主人的允许后再进入。进入前先敲门表达了三个意思：一是询问里面是否有人，二是引起里边人的注意，三是询问是否可以入内。注意：非上班时间尽量不要去敲门打扰。

二 如何敲

1. 指法

用右手食指和中指弯曲后敲门，不要用多个手指或者手背、手掌用力拍打。

2. 节奏

敲三下，相当于"有人吗""我可以进来吗"的意思。"咚咚咚"之间的间隔为0.3～0.5秒，太快会让人感觉心烦，太慢会给人散漫不自信的感觉。敲两下，表示自己与对方比较熟悉，相当于说"你好""我进来了"的意思。如果敲四下以上，则是很不礼貌的行为。

3. 力度

强度大小应适中，要坚定并有一定力度。力度太大会让对方受到惊吓，给人以粗鲁没有教养的感觉；力度太小让人感觉你胆子太小，紧张过度。

敲门礼仪如图3-3所示。

图 3–3　敲门礼仪

三　推还是拉

进出房间，如遇到推拉门，一般宜拉门为佳。在不清楚门后有什么物品的情况下，贸然推门，实属不文明；而拉门，则既可以将门后之物一览无遗，又可以给周围人士以方便，一举数得。由此，还是以拉门为佳。

礼仪要点：

轻轻叩门，三声为宜，听到应声，再打开门。

模块八　引导礼仪

在引导时还要注意引导者的身份、引导中的顺序和引导时的提示。在一般情况下，负责引导来宾的人，多为接待单位的接待人员、专门负责此事者，或是接待方内部来宾对口部门的办公室人员、秘书人员。在引导来宾时，具体到顺序问题上主要会遇到下列六种情况。

（1）主客并排。在主客双方并排行进时，引导者应主动在外侧行走，请客人行走于内侧。

（2）三人并行。三人并排行进时，通常是中间的位次最高，内侧的位次居次，外侧的位次最低。

（3）主客单行。在不宜并行时，一定要自觉遵守交通规则，单行行进。在单行行进时，循例应由引导者行走在左前方三步左右，配合步调，让客人走在内侧，以便由前者为后者带路。

（4）出入房门。在出入房门时，引导者须主动替来宾开门或关门。此刻，引导者可先行一步，推开或拉开房门，待客人首先通过，随之再轻掩房门，赶上来宾。

（5）出入电梯。出入无人控制的电梯时，引导者须先入后出，以操纵电梯。出入有人控制的电梯时，引导者则应后入后出，这样做主要是为了表示对客人的礼貌。

（6）出入轿车。如果引导者与客人不同车，一般应为引导者的车子在前，客人车子居后；主客同车时，则大都讲究引导者后登车、先下车，客人先登车、后下车。

在引导客人时，引导者除了与客人进行正常的交谈之外，往往还会就某些必要的情况，对客人进行介绍或提醒，主要涉及以下五种情况。

（1）提示其前往何处。引导客人进入大院、大楼、写字间、会客室、休息室前，应向对方主动说明此系何处。

（2）提示其会晤何人。引导客人前去会晤某人，如果主客双方此前并未见过面，需提前告之客人，如“我们现在前去张院长的办公室”或者“李副局长正在会客室恭候各位”，以便让对方思想上有所准备。

（3）提示其注意方向。引导客人上下楼梯、出入电梯、进出房间、通过人行横道或需要拐弯时，需提醒客人“请各位这边走”。

（4）提示其所乘车辆。引导客人乘坐车辆时，务必要告知对方“请各位上××号车”。

（5）提示其关注安全。引导客人经过拥挤、坎坷或危险路径时，必须叮嘱一下对方：“请各位留神”“请注意某处”。进行引导时，不要忘记在必要时告知客人“各位请”“请这边走”。

引导手势如图 3-4 所示。

礼仪要点：

二人同行右为尊；三人同行中为尊；主客单行，走在客户左前两三步。

图 3-4　引导手势

模块九　欠身礼 / 鞠躬礼

鞠躬除肢体动作，对态度、表情、姿势、目光等都有要求。

鞠躬的要领：

（1）恭恭敬敬地行礼。

（2）鞠躬时面部表情明朗。

（3）鞠躬时面带微笑。

（4）鞠躬时候双手自然下垂。

（5）背和身子要挺直，姿势要优美。

（6）头、颈、背部要成一条直线。

（7）鞠躬时不是颈部弯曲，而是从腰部开始弯曲。

（8）鞠躬时下巴不要伸出。

（9）鞠躬时目光要面向地板。

（10）目视对方后鞠躬，低头后大约 3 秒左右后抬头，起身之后再次目视对方。

（11）在大部分情况下，鞠躬 15 度到 30 度即可。

欠身礼如图 3-5 所示。

礼仪要点：

立正姿势，上体前倾；微微点头，口有敬语。

图 3-5　欠身礼

模块十　送别礼仪

在人际交往中，送别的礼仪甚至比迎接的礼仪更重要。送别礼仪是接待工作的最后一个环节。尤其是接待外宾时，留给宾客一个良好的印象，对于以后双方的交往很有帮助。如果处理不好将影响整体的接待印象，使之前的接待工作前功尽弃。因此，送客时应注意以下几点：

对于一般的家庭访客，主人至少要送客人到房屋门口或电梯口，然后与客人一一握手送别。注意不要握完手就马上转身离去，更不要马上关门，应该目送客人远去。如果是送到电梯口，主人应该等客人都进入电梯后再挥手道别，等电梯门关闭后，再转身回去。对于长辈、女士或远道而来的客人，可以送至楼下，等客人上车离去后，主人再返回。

对于到公司来访的客人，送客时应主动与客人握手相别，无论与客人的会谈是否顺利、成功，作为主人，都应该礼貌地送别客人，在客人走时无动于衷，或只是点点头、挥挥手客气下，都是不礼貌的。

送别和迎接的形式应当和谐，如果你是在机场、码头、火车站等地方迎接来宾的，那么送别时，也应该把来宾送至他们启程的地点。与接待的工作相似，送行前要做好各方面的准备工作，比如安排交通工具以及相应的送行人员等。

送别礼仪如图 3-6 所示。

礼仪要点：

立正站姿，目视客户；左手垂下，右手举起；左右微挥，口出敬语；送客到三口（大门口、楼梯口、电梯口），若客人乘车走，应送客人上车，直至离开视线。

图 3-6　送别礼仪

单元练习

课后思考

1. 社交场合跟职场的尊卑顺序是否一样?

2. 握手有哪些讲究?

3. 跟领导同乘电梯，你会怎么办?

4. 为什么引领者要走在客户的左前方?

5. 如果你把对方的名片落在餐桌上了，你会怎么办?

案例分析

某企业的徐总在一次宴会上遇见知名企业家崔董。徐总看见崔董正与别人谈话，于是上前很礼貌地说:“崔董您好，我是 ××× 企业的徐总，这是我的名片。”崔董随便看了一下就放在了桌子上，继续进餐，和旁人谈话。

讨论并分析，徐总和崔董在递送和接受名片时，有哪些礼仪上的不当行为。

技能训练

小张是某公司的秘书，客户李总过来跟王总谈业务合作，小张把李总带到王总办公室。谈完业务后，李总告别。

三人一组，根据上述情景练习介绍礼仪、引领礼仪、敲门礼仪、名片礼仪、送别礼仪。

单元四 开启从心沟通

学习目标

知识目标

1. 阐述非语言沟通的重要性。
2. 阐述沟通的模式。

技能目标

1. 能够灵活运用沟通模式进行有效的面对面沟通。
2. 灵活运用电话礼仪，达成有效的电话沟通。

素养目标

1. 学会赞美，乐于欣赏他人。
2. 养成良好的倾听习惯，让他人感受到被尊重。

礼仪要点

倾听，赞美，共情，语气温和，眼神关注

建议学时

2 学时

自我设问

1. 我最喜欢跟谁说话？为什么？
2. 我有过怎样糟糕的打电话经历？是什么让我感到不愉快？
3. 微信交流，什么最让我讨厌？
4. 我敢于在公众面前讲话吗？
5. 我是否能够专心听别人讲话？
6. 当我不想听别人说话时，我有什么表现？
7. 我经常赞美他人吗？

模块一　面对面沟通

礼仪小故事

我朋友曾经说过她的一段经历：

她原本跟同事关系比较好，也算得上是对彼此都有很好的印象。但他们经常会因一些小事情闹得不开心，起初觉得莫名其妙，也找不到真正的原因。后来逐渐地，她发现她同事讲话经常自相矛盾，但因为交情较深，她宁可相信他有难言之隐。后来有一件事情发生，让她更加相信他言不由衷，于是她像剥洋葱一样层层剥开，最后结果是她只能用睁着眼睛说瞎话来形容他了。

沟通，是每个社会活动中必须经历的事情，无论是商务活动、家庭生活还是谈情说爱、职场工作。在沟通的过程中，同样的信息编码，因为传播媒介的不同，最后解码的结果大不相同。哪怕是同样的讲话内容，因为不同的语言信息，如语气、语调、说话方式以及手势、动作等非语言信息的输出都会产生不同的效果。同样的一个微笑，有的人认为是友好，有的人认为是嘲笑；你应景的一句“可以”，有人会理解成认同，有人则认为有话外之意、弦外之音。因此，很多时候我们不能指望依赖别人、改变别人，而要让自己主导沟通，朝着自己希望的方向发展。

下面以电影《在云端》的片段为例解读近距离沟通。

主人公瑞恩在美国一家裁员公司工作，一年中，他有 300 多天奔波于全国各地，帮助有需要的公司解雇他人，几乎是百战百胜。

瑞恩去参加妹妹的婚礼，却被告知妹夫吉姆婚前临阵逃脱，不愿意参加婚礼。作为家里的顶梁柱，瑞恩接受了姐姐交给他的任务，去和妹夫沟通。

一　距离与模式

瑞恩进来的时候吉姆正在看书，于是瑞恩先肯定了吉姆看的书，是一本“很不错的书”。虽然瑞恩心中非常恼火，但他还是尽量用缓和的语气说：“凯拉跟我说你有些想法。”

整个视频只有短短的三分钟，吉姆讲述自己不想结婚的理由占了差不多一分钟。在这个过程中，瑞恩只是仔细地观察着、倾听着，没说只言片语。

接下来，他改变位置，接近吉姆，跟他交流。

一般来说，沟通时，可选择的位置分为友好位置、公关位置、竞争位置和公共位置四种类型。

1. 友好位置

友好位置是指自己座位的邻座。一般适用于两个人之间的谈心交流，体现一种亲密或者信任，往往会是好友间使用，也可以用于上司与员工之间的谈心。

2. 公关位置

两座位处于斜角则属于公关位置，往往可以用于与拜访对象交谈或向领导汇报工作情况，因为这个角度比较适合与对方交流互换意见，非常舒服。

3. 竞争位置

面对面的位置有可能属于竞争位置，一般用于双方的正式交谈，特别是双方的谈判。这样的位置易于产生心理抵制。因此，如果是一般友好形式的随意交流，就不推荐使用这种交流方式。

4. 公共位置

剩下的公共位置，则是双方无沟通的欲望，处于彼此不受干扰的位置。

视频中，瑞恩选择跟吉姆斜角的位置坐下，是两人沟通位置的最佳选择。

当吉姆对他的话（婚姻是世界上最美好的事情之一，每个人都向往）表示质疑时，瑞恩改变了沟通的方式，先认同他的观点（婚姻很痛苦……），于是吉姆跟他敞开心扉，因为瑞恩的观点跟他一致了（婚姻没有任何意义）。最后他话锋一转，通过几个提问补充了吉姆本没有想到的一些信息，对他的反馈进行了补充，从而达成共识：生活还是需要有人一起掌舵。

沟通是人与人之间、人与群体之间思想与感情的传递和反馈的过程，以求思想达成一致和感情的通畅。

有效沟通是听、说、问环环相扣的。这里的听是倾听，即用心听懂对方想要表达的意思，听出对方的话外之意、弦外之音。说不是漫无目的乱说一气，而是根据得到的信息进行反馈，好好说话，真诚以待，尊重对方。问要问对问题，问的目的是让对方说，自己继续倾听。

从心沟通

二 倾听

卡耐基曾经说："倾听就是说服的开始。"沟通本来就是双向的行为，有说必然有听。善于倾听是对说话者的最大尊重。

沟通心理学强调，一个善于沟通的人首先应该是一个听众。当他需要开口时，要先用眼睛来观察别人的非语言的反应，然后才能够决定沟通的内容和形式。据社会心理学统计，我们有 50%～80% 的时间在与人沟通，而在沟通的时间内，有一半的时间是在倾听。尤其在个人事业的发展中，"倾听"被列为比"说"还要重要的沟通技能。一位上市公司的老总曾经说："公司里营销做得好的大部分都是平时看上去不怎么说话的人。”还有人曾经说：“学会倾听是人生的必修课。”

在一家公司里，一位员工因为工作压力和家庭问题感到非常不安和焦虑。他试图通过与同事和上级领导交流来缓解自己的压力，但是他的同事和上级领导都没有真正倾听他的问题，只是简单地告诉他要努力工作和解决家庭问题。

最终，这个员工感到非常失望和孤独，他开始考虑离开这家公司而寻找其他机会。然而，当他的一位同事注意到他的情况并主动邀请他去咖啡店聊天时，他终于有了一个真正倾听他的人。

这位同事花了很多时间仔细听取他的问题和困惑，给他提供了一些有用的建议，并给他提供了一些支持和鼓励。这位员工感到非常感激和受到了很大的帮助，他终于能够克服自己的问题，并在工作和家庭方面取得了更好的进展。

重视演讲的古希腊哲学家们，早就把“听”看成一项与演讲一样重要的技能。有一个年轻人曾经拜师苏格拉底，求教演讲的技能。为了展示自己与生俱来的、出色的口才，他滔滔不绝地对苏格拉底讲了起来。苏格拉底打断了他的讲话，要他交双倍的学费，那年轻人惊诧道：“为什么要我加倍呢？”苏格拉底说：“因为我得教你两样功课：一门课是学习怎样闭口，另一门课是学习怎样开口。”

调查表明，文化领域的成功人士和私人企业的老板们有着出色的倾听能力，而且越有成就的人，倾听能力越强。也许正是由于文化界的人士对新信息和知识的渴望，他们更愿意认真倾听，从倾听中汲取知识。

罗马时代的诗人赛鲁斯说：“我们只对那些对我们有兴趣的人感兴趣。”这是对我们社会交往、沟通交流的真实写照。

消极、懒散、松懈的身体语言传递出不感兴趣的信号，那我们平时应该怎样避免一些不良习惯，如何表现出倾听呢？

（1）身体前倾，表示对谈话内容感兴趣。

（2）目光关注讲话者，面部表情根据讲话内容做出适当的反应。

（3）运用头部动作，点头表示同意、摇头表示否认。

（4）运用语言“是的”“哦”“对的”等答应词，让对方感受到你在回馈他的意见。

认真倾听

（5）要“所答即所问”，这是表示你在与人交流。

三 眼神关注

案例分享

有位企业经理讲过这样一件事情：有一回，我同某销售经理共进午餐。每当一位漂亮的女服务员走到我们桌子旁边，他总是目送她走出餐厅。我对此感到很气愤，感到自己受到了侮辱。心里暗想，在他看来，女服务员的两条腿比我跟他讲话更加重要。他并没有听我讲话，简直不把我放在眼里。

眼神关注如同微笑一样重要，谈话时如果一方极力躲避眼神，会让对方感到不被重视，心里会不舒服。保持良好的眼神关注（而不是穿透性的凝视）可以投射出正直、诚实、自信以及对别人诚挚的关心。眼神徘徊则暗示了紧张、漠然或是无聊。良好的眼神接触仿佛在告诉对方你正在倾听并使你成为更好的聆听者，同时，关注的目光还表明你在对方身上集中了足够的注意力，也使他或她感觉自己很重要。

（一）眼神关注的时长

直接的眼神接触的时间要达到 40%～60%，如果少于这一比例，就会给人以羞涩、心神不定、试图隐藏什么、缺乏自信和权威度的感觉；相反，如果眼神接触的时间超过 60%，别人则会感到局促窘迫，仿佛囚犯受审，或者有从显微镜下被仔细观察的感觉。如果有时有人说你有点过界了或者有失礼貌，而你无意而为，不妨检查下是否在眼神接触方面出了问题——很有可能是你的眼神接触时间超过 60%，从而使别人觉得受到了侵犯。

（二）眼神注视的区间

1. 公务注视区间

是指在进行业务洽谈、商务谈判、布置任务等谈话时采用的眼神注视区间。这一区间的范围一般是以两眼为底线，以前额上部为顶点所连接成的三角区域。由于注视这一区间能给人一种自信、权威的感觉，因此经常用于商务、政务等正式场合。

2. 社交注视区间

指人们在普通的社交场合中采用的注视区间。其范围是以两眼为上限，以下颚为顶点所连接成的倒三角区域。由于注视这一区域容易形成平等感，因此常被公关人员在茶话会、舞会、酒会、联欢会以及其他一般社交场合使用。注视谈话者这一区间，会让对方轻松自然，因此，他们能比较自由地将自己的观点、见解发表出来。

3. 亲密注视区间

指具有亲密关系的人在交谈时采用的注视区间。主要是对方的双眼、嘴部和胸部。恋人之间、亲朋之间，注视这些区域能够激发感情、表达爱意。频送秋波、眉目传情都是通过这样的区间进行的。

四 赞美

案例分享

小肖想去市里的各大银行总行推销，让总行为各个市县以及镇的分行发放假钞识别机，这样自己只要说服总行的负责人就可以推销很多台。

这天小肖来到某银行的总经理办公室，看到这位女经理忙着写东西，从桌上堆积的资料和烟灰缸里的烟头可以看出，她忙了很长时间。小肖想，如何才能让这位女经理停下手中的工作，了解一下自己的产品呢？

小肖看着低头忙碌的女经理，发现她的发质很好，但是头发有点乱，于是就说："您的发质看上去很好，不像我的又黄又少，还有点卷。"女经理拨弄了一下头发，说："没以前好了，最近太忙，你看这乱糟糟的。"

小肖快速从包里拿出一把梳子，说："这是我刚洗过的，您梳一下头发就会更美，而且还可以缓解大脑疲劳，同时让自己休息一下。"此时，女经理才反问道："你是……"小肖立马做了自我介绍，说明自己此次前来的目的。最终，经理与小肖签订了为各分行购买识别假钞机器的合同，当月的业绩比同事们高很多。

赞美是一种销售策略，也是沟通策略。小肖刚进入办公室，看到客户在忙，没有立马推销自己的产品，而是发现对方的美，真诚赞美，使对方对她产生信任和好感，这就为后来的良好沟通奠定了基础。

人类最大的弱点就是希望自己被他人喜欢。相关研究表明，大部分人都喜欢成功人士对他们的鼓励和赞赏，这给予人们一股向上的力量，给他人带来希望和梦想。

当然，尺有所短，寸有所长，赞美别人也有一个角度问题。在实际交往中，赞美他人需要一些小技巧。

（一）赞美应真诚

虽然每个人都喜欢听到他人的赞美，但是没有诚意的赞美只会让人厌恶。因而，当你想赞美一个人的时候，一定要表现出自己的真诚，使对方认为你称赞得有道理，是一个无可争议的事实。相反，随口乱赞只会破坏你的公共形象。比如，有一位女士想要赞美她的领导，说她的衣服穿搭真好看，但是大家都看得出来那天她领导的搭配很糟糕，所以背后称她"马屁精"。

因而要想成为一个有修养的人，在能够及时地表达出赞美之情的同时还要做到真诚赞美。

（二）赞美应具体

如果只是笼统的赞美，让人感觉不到真诚，而是敷衍。比如说“你真好！”到底哪里好没有表达出来，颇有“放之四海而皆准”的味道。

一天，一个人去一家健康城咨询，咨询师说：“你的嘴角微微上扬，这说明平时很爱笑，非常好看！”这个听了以后特别开心，因为从来没有人如此细微地赞美过她。

风靡全球达半世纪的喜剧泰斗卓别林，1975 年 3 月 4 日，以 85 岁高龄在英国白金汉宫被伊丽莎白封为爵士。在封爵仪式中，女王对兴奋的卓别林说：“我观赏过许多你的电影，你是一位难得的好演员。”事后，有人问卓别林受封的感想，他有点遗憾地说：“女王陛下虽然说她看过我的许多电影，并称赞我演得好，可是她没说出哪部电影哪个地方演得最好。”

由此可见，赞美必须说出具体事实，尽量针对某人做出的某件事，才会发挥最大的效果。

（三）赞美应抓住心理特点

虽然每个人都喜欢被赞美，但有时候你的赞美却没能使对方开心，这主要是因为你没夸到点子上，没抓住对方希望被赞美的地方。比如在电影《公主日记》中，祖母与米娅初次见面，祖母因找不到合适的词来赞美还在读高中的米娅，于是说“你好年轻”，米娅想了想，用“你好干净”来回赞，祖母略显尴尬。

因此，我们要掌握不同人的心理特点，说到他们的心坎上，赞美才会达到事半功倍的效果。

（四）赞美要得寸进尺

做人不能得寸进尺，但赞美要得寸进尺，也就是说的比人家期待的更多。

比如说：“你这件衣服真好看，把你的体型衬托得更迷人！”“你不仅长得好看，身材也好，而且你还非常有智慧。”

（五）被赞美要回赞

当被赞美时，如果你只会说谢谢，那就有点土了，这时，我们不妨夸回去。

例如：

客户：“你的接待真周到。”

主人：“否则哪配得上您这样的 VIP 啊！”

再例如：

甲：“老师，您的气质真好！”

乙：“气质是可以练出来的，但您的智慧我就望尘莫及了。”

赞美与回赞

恰如其分的赞美如同润滑剂，能够让我们更好地与他人交往，从而促进人际关系的提升。

模块二　好好说话

礼仪小故事

我家女儿跟爱人为某件事发生了争执，女儿觉得自己很有道理，说爸爸不可理喻，这点小事都不愿意帮忙。我听了以后，确实认为孩子讲得没错，于是跟她说："既然你有道理，但爸爸不愿意，可能你讲话方式有问题，你换种表达方式试试。"女儿照做了，只听我爱人说："你这样讲我愿意接受。"于是答应了女儿的请求。

这个小故事告诉我们：很多时候只要换一种表达方式，就容易赢得对方的认可和接受，进而提升人际关系。

一　好好说话的衡量标准

（一）表达清晰

讲话者为了达到既定的目标，表达要清晰且精准到位，其衡量的标准是让听者听得明白。以介绍产品为例，销售员对于产品的了解一定不如技术人员，但技术人员往往不善于表达，用词比较专业，对方可能听到了每一个词，但不能理解要表达的意思。

（二）陈述事实

陈述事实是让对方来推理目标，衡量的目标是让对方能够认同且接受。成人之间的沟通是讲逻辑、摆事实，对方根据逻辑和事实推断出自己的结论，这样对方更加愿意认同、愿意接受，而不能像教育小孩子一样说故事、讲道理，所以讲话要避免用"我认为""我建议"等主观性的语言。

（三）无口头禅

很多人在讲话的时候，带有很多的口头禅，如"嗯……""这个""那个""然后"之类的，容易造成表达不流畅，信息解码的有效性被干扰，因此表达清晰、连贯非常重要。

二　讲话方式

（一）共情

共情是个心理学概念，简而言之就是理解对方。心理学研究表明，人们有一种偏向于“相信知己”的心理倾向，特别是当一个人遭受批评、处于矛盾中，或者遭遇困难而又暂时不能解决时，就非常需要别人的共情和理解。此时此刻，强烈的共情心及满怀深情的言语，将使对方打开心扉，释放一切。简而言之，共情就是跟对方一起感同身受。

比如说：你朋友因工作不顺利，跟你说他领导是个傻瓜。共情的方式是你站在他的立场回应：“你们领导太过分了吧。告诉我他把你怎么着了？”

这个时候他会更加吐槽，吐槽完了可能心情就好多了。也就是说你顺应他，讲出来的话表明你是懂他的，也就是说你要赞同他的观点。

共情也叫同理心，是一种让自己脆弱的选择。为了跟对方心意相通，必须让自己感同身受。

共情不同于同情。下面通过几个例子说明共情和同情的区别：

例 1：

A：我觉得我的婚姻完蛋了。

B：别难过，至少你结过婚，晚上我请你吃饭，散散心。（同情）

B：你肯定心里很难过吧。到底发生了什么事了呢？（共情）

例 2：

A：我失恋了。

B：失恋就失恋，你这么优秀，肯定能找到更好的。（同情）

B：你此时肯定心里很难过，我也不知道如何安慰你。但是如果你愿意告诉我发生的事情，我很愿意聆听。（共情）

（二）非指责性语言

我们在说话时，有些习惯用词，经常会让听者不舒服。去年，我在上一堂沟通的课程时，曾经做过一个实际演练。我们被分成两人一组，彼此对看。然后，互相指着对方说：“为什么你不回我信息？”“难道你抽不出一点时间吗？”“你本应该早点来的。”“难道不是这样的吗？”没多久，大家都累得要命，心情也变差了。

“为什么”“难道”“本应该”这些词都充满了指责，让人听了不舒服。如果换成“你是不是忙得没时间回我信息了呢？”“你能抽出一点时间给我吗？”“我多么希望你能早点来啊！”“确实是这样的，你再想想。”之类的语句，语气就缓和了许多，更容易让人家接受。

（三）语气

案例分享

齐国大饥荒。有个人叫黔敖，他煮了一大锅粥，摆在大路边上，救济挨饿的人。有一个人饿得有气无力，跌跌撞撞地从大路那头走过来。黔敖看见了就大声吆喝说：“嗨，到这儿来！我让你吃个饱！”

那个人抬起头来，瞪着眼睛对黔敖说：“你吆喝什么！我就不吃那些吆喝别人的人的东西，所以饿成这样了！我才不吃你的东西哪！”黔敖才觉得自己的态度不好，赶忙道歉。可是那个人怎么说也不肯吃，最终饿死了。

可见，一个人说话的语气比内容更加重要。

同样一句话，用不同的语气说出来，听的人也会有不同的感受。在与人交谈的过程中，我们可以通过他的语气来判断他态度的好坏。敷衍的人，说话的语气不会真诚；真诚的人，说话的语气不会敷衍。我们经常听到“有什么事吗？”“什么事啊？”“这个不是就在这里吗！”之类的语言，听了极不舒服，细细品读，是不是传递了不耐烦的信号？有一位经理的口头禅是“这不很简单吗”，她本意是想激励员工，但这样的表达让员工觉得做好了，这事情本来就简单；做不好是笨，是无能，连这么简单的都做不了。

（四）四大黄金法则

在电影《在云端》中，在经济大萧条的时候，很多公司都面临裁员。其中有一个场景是塔里娜试图劝说鲍勃接受被解聘的事实。她的第一句话是“你低估了职业转变对孩子的有利影响”，一下子就激起了鲍勃心中的怒火，激化了矛盾。

接着她又说，受过中等创伤的孩子在学业上会更努力，更加让鲍勃怒不可遏，从而出言不逊。

再看看瑞恩是如何说话的：

瑞恩一开始就说孩子对鲍勃很崇拜，这能够激起鲍勃心中的满足感，这是他喜欢听的，接着瑞恩说到了鲍勃在厨艺方面的造诣，但没有机会追逐自己的梦想，这是他能听得进去的，然后婉转劝他放弃当下工作，做自己喜欢的事情。这是瑞恩跟鲍勃沟通的目的，也就是他该讲的和想讲的。瑞恩说的话从心出发，以人为本，让被解雇者接受事实，并怀着希望离去，最终达到了沟通的目的。瑞恩的讲话方式正是遵从了沟通的四大黄金法则：

（1）先说对方想听的；

（2）再说对方听得进的；

（3）然后说你该说的；

（4）最后说你想说的！

好好说话，心平气和，外显出来的是对他人的尊重与体贴。

好好说话

模块三　跨部门沟通

礼仪小故事

背景：A是一家金融企业业务部门的员工，最近在推C公司的项目，他认为C公司发展前景好，可以给C公司发放贷款。A将对C公司的报告提交公司风控部员工B进行审核。而B在初步审查了C项目方案后，认为C公司为民营企业，成立时间较短，历史财务数据不具备代表性，对其还款能力存疑。虽然B也承认C公司发展前景好，如果经营得当未来收入相当可观，但本着谨慎原则，最终反对C项目的操作。

于是A想方设法争取。以下是他们的对话。

A：“对于该项目我理解您的顾虑，毕竟C公司成立时间短，所在的行业也在发展初期，对其放贷确实存在一定的风险。”

B：“是的，这也是我们反对该项目操作的主要原因。”

A：“但我们在实地尽调后对C公司的发展判断趋于乐观。您看不如这样，您附意见将该项目提交评审会，如果最终评审会不同意该项目的操作，我们也可以接受，同时也学习一下评审专家的观点，您觉得怎么样？同时我们也邀请您去C公司实地考察看看，毕竟C公司从事的领域符合我们公司的投资方向，您说呢？”

B：“好，那我保留意见提交评审会吧，大家讨论下。”

跨部门沟通就是将信息、情感、思想在各部门间传递，最终达成一致协议的过程，因为跨部门沟通势必涉及各部门的价值认知、各部门的利益、各部门的协调、各部门的配合，所以跨部门沟通比起个体之间的沟通更添了许多难度。

一　目标交集

在跨部门沟通过程中，目标不同，双方沟通会产生距离，因此在沟通前应尽量找出双方的交集点，设定好的目标是在帮助对方实现目标的同时，顺带实现自己的目标，这样能够得到对方的认同、接受。

下面以某音乐选秀节目为例，分析如何争取目标交集。

导师A：“你不来我这里我会很难过的。”

导师B：“你简直超越了所有来我这里的选手。我希望你到我的战队，天天感动我。”

彼此深交之前，导师A是否跟选手有什么关系？导师A和导师B都完全站在“我”自己的角度考虑问题，只想实现自己的目标，没有帮助选手去实现他的目标，所以没有目标交集。

导师C："让你的民族，让全国听到你的声音。到我的战队，成就你的梦想。"

这样的沟通，让选手能够认同并且接受。因为他们之间有了目标交集点：那就是导师C帮助选手实现目标的同时，也实现了自己"抢"到他的目标。

二 寻找变量

下面以电影《杜拉拉升职记》中的搬家片段为例分析如何通过找到变量实现跨部门沟通。

行政部和销售部起纠纷，销售部的人比较强势，拒绝配合行政部搬家，因为销售部的命脉就是业绩，而业绩来自大客户，当大客户与行政部搬家相冲突的时候，他当然先顾大客户。行政部是做支持和后台的，平常支持销售部以及其他核心部门。而杜拉拉最大的考核指标是办公室的装修，搬家装修既重要又紧急，跟其他的支持部门相冲突的时候，行政部当然考虑自己的装修和搬家。

利益优先级排序不一致，导致双方冲突，这是职场中跨部门沟通的典型案例。如何解决？如果从目标的角度来分析，行政部的搬家跟销售部的遭遇客户根本就没有目标交集点，那我们不妨通过找到变量以达到有效沟通的目的。

（一）时间变量

电影中的杜拉拉很霸气地回应，因为销售部总监对她的好感，她得到了支持，但在实际工作中，应注意讲话的语气以及方式。

如果销售部跟客户打遭遇战的时间还有半小时，杜拉拉不妨说：

"您要跟大客户打遭遇战，还有半小时是吗？我们所有同事以最快速度跟您一起来打包，争取半小时之内完毕，等到客户上门，看到我们公司更加整洁，也会对我们印象更好了，您看这样可以吗？"

王总说："客户就在楼下了，我一点时间也没有了。"

那杜拉拉可以这样说：

"王总，那您跟客户打遭遇战要多少时间？两小时？今天是公司非常时期，能否略微压缩下，压缩到一个半小时，我带领搬家公司先到其他部门，等到一个半小时以后回来给您搬家，您看是否可以？"

时间变量改变，我们解决问题的方法就变多了。

（二）人员变量

时间是变量，人员也是变量。杜拉拉还可以这样说：

"王总，不是所有的人都去吧？留下几个人在您的部门负责打包就好了，您看这样可以吗？"

如果两个部门都没有足够的人手。杜拉拉可以这样说：

“王总，您面子大，我们行政部门说话不管用，您能否去其他部门借调几个人过来协助打包？”

人员变量变了，解决方案扩大了，也容易找到双方的目标交集。所以当跨部门之间利益优先级排序不一致的时候，请一定站在别的部门的角度去思考，好好说话，解决问题。

跨部门沟通

模块四　电话沟通

礼仪小故事

一天，我接到一个电话，对方问我是否能够听得出他是谁，我一头雾水，如实相告。他说：“你连我都听不出来啊，我是你小学同学 ×××。”本来就没有深交，更何况已经 30 多年没有见面。原来是他打听了我的工作单位和电话，希望我帮他介绍装修客户的。

在高速发展的现代社会，越来越多的商业活动和人际交流是通过电话进行的。在未见面的情况下，人们通过你接电话的方式、在电话中的表现，对你的形象、性格、素质进行了无限的描述、想象。电话中传递的信息如此微妙，你无法捕捉自己在对方心中留下了什么样的印象。在电话交谈的过程中，通过对接电话的人的素质判断，我们会推断出公司的职业化程度、服务态度、可信度等。不规范、没有职业风范的接电话方式，不但影响你的形象，也影响公司的商业信誉。

在培训课上，沟通、交流的专家要求受训者每一个电话都要努力展示给对方一个有高度职业经验、可以信赖的形象。当拨出电话时，你应该在对方接起电话后，先自报姓名和公司名，然后告诉对方你来电的目的，询问对方现在说话是否方便。如果不方便，告诉他们你会在他们方便的时候再打电话过去。即使是非常熟悉的客户，也一定先报姓名，否则让对方困惑和猜测，不仅不利于职业形象，而且影响效率。

自报家门是打电话的基本礼仪。

一位曾在索尼公司工作的朋友说，她一进公司就接受了职业规范的培训，其中一项内容就是如何在电话交流中维护公司的形象。她说：我们接电话的质量，反映了我们的服务态度。我已经养成了这样的习惯：在电话铃一响时，我的心中就已经微笑了，因为我的声音在告诉对方我的表情；在第三声响时，我才沉着地接起电话。因为我如果接得太早，会显得我迫不及待，说明我无事可做；如果接得太晚，会显得我没有在岗位上，给公司造成不良印象。接电话时，我会停止口中、手中的任何活动，把全部注意力放在电话上，对方是可以感受到我的行为的。电话结束后，我会说："谢谢你的电话。"如果有些问题在当时无法解决，我就会另约时间回电，并且一定会准时回电。任何我不在时别人打来的电话，我都会在 24 小时之内认真处理。

即使在电话中愉快地交谈了，但是没有得体地结束电话，也影响一个人的电话形象。

案例分享

小王是一所高校的老师，她说自己最不愿意跟她的领导通电话，她说：一是他的声音听起来非常冷漠，每次说话感觉心里凉凉的；二是他经常未等她说完就说一句"先这样吧"，然后挂断电话。

这样不给别人反应的时间，单方面挂断电话，会让别人觉得他不懂得尊重别人，可能是一个性格霸道、支配欲强的人。无论你有多繁忙，等对方应答一声"好的"也就需要一两秒钟的时间。几秒钟，丢掉的是对一个人的尊重，也让自己本来很好的形象上蒙上了阴影。

在电话沟通中让人产生不良印象、有损成功人士形象的行为和表现有：

（1）对方不报姓名，而用"是我"代替姓名。

（2）对方单方面无礼貌地中断电话，不给别人反应的机会。

（3）对方接起电话，问："有什么事吗？"

（4）对方"一心多用"，在与身边的人讲话时，不用"对不起""请等一下"来提醒电话的那一方，使得你不知道他到底在和谁说话。

（5）对方保证过再打电话，但是过时不来电，让遵守规矩的人苦等。

（6）当你讲话时，对方长时间沉默无应答，不用"我明白""是的"来表示倾听，以至于你以为电话出了故障。

（7）对方打错电话时不说"对不起，打错了"就挂断。

（8）打电话时，口中吃饭、喝茶或嚼东西，让人感到不受重视。

（9）接电话后，对方滔滔不绝地讲，使你没有机会反应。

（10）在电话结束后，对方猛地放下电话，震耳欲聋。

电话沟通中让人产生良好印象、为形象添彩的行为和表现有：

接电话时：

（1）电话铃响时，心中微笑着准备接电话。

（2）在电话铃响第二声以后，第三声响起时，再拿起电话。

（3）先报公司的大名，再报个人的大名。

（4）在接电话时，停止手中、口中的其他一切活动，手中持笔，以便记下重要的信息。

（5）接电话后，要感谢对方打电话。

（6）等到对方放下电话后，你再挂断电话。

打电话时：

（1）让你的心友好、热情起来，让你的声音传递你的心态。

（2）用“您好，我是某某公司的某某”开头，再告诉对方你打电话的目的。

（3）询问对方是否方便接电话，如果不方便，询问何时方便，你会如期再打电话过去。

（4）以祝福对方的友好语言结束电话，说：“非常高兴能够与您通话！”“谢谢您！再见！”

单元练习

课后思考

1. 结合前面所学的内容，思考沟通过程中需要注意哪些非语言信息和语言信息。
2. 如何表明一个人是在倾听？
3. 怎样赞美他人？
4. 为什么说声音在电话交流过程中起到了非常重要的作用？
5. 为什么接、打电话要笑着说？

案例分析

新年伊始，小王发现张总把她所在的小组组长小徐安排到了其他部门，而新提拔的组长小静对小王处处刁难。小王觉得很委屈，因为认为自己跟张总关系很不错，所以就半开玩笑半认真地跟张总说：“请你把小徐还回来吧。”然后张总就开始倒苦水，说自己工作不顺利，家庭闹矛盾，身体有问题，小王最想说的话就一直没说出口，之后也默默离开了原来的小组。

结合沟通模式，讨论并分析小王为什么离开原来的小组，他和张总之间的沟通出了什么问题。

技能训练

情景 1：小张是销售部业务员，有人投诉他吃回扣，李总找他谈话。

情景 2：小王打电话给张总，想约个时间拜访。

任选上面其中一个情景，两人为一组进行沟通练习。

单元五 礼貌使用微信

学习目标

知识目标

1. 了解微信也需要讲究礼仪。
2. 熟知使用微信的可为与不可为。

技能目标

1. 能够礼貌地使用微信，让对方感受到被尊重。
2. 能够合理地发送文件并提炼要点，节省领导时间。

素养目标

1. 善于思考，养成细微处留心的好习惯。
2. 乐于学习，提升交际能力。

礼仪要点

规范，文字，语气，礼貌

建议学时

2 学时

自我设问

1. 我跟谁发微信喜欢用表情包？
2. 我经常回复“嗯”或“哦”吗？
3. 我是否经常问“在吗”？
4. 我喜欢语音留言吗？
5. 我的朋友用语音留言的多吗？

礼仪小故事

近日，有网友发帖称：自己微信回复了老板一个“嗯”，结果被老板批评：“和领导和客户都不要回复‘嗯’，这是微信的基本礼仪。”姑娘表示不能理解，回复了老板一个“嗯”字，换来老板发五六十个字的“教育”，姑娘为此深感委屈，准备走人。于是她主动曝光此事吐槽老板，以寻求网友的声援，大多数网友明白了事情的来龙去脉以后，纷纷质疑姑娘这是“玻璃心”，认为她确实应该学习基本的微信礼仪。

微信以其信息发布便捷、传播速度快、影响面广、互动性强等特点，在短短几年时间，迅速发展成目前国内社交用户群体使用最多的软件。根据2022年腾讯公司公布的业绩报告显示，截至2022年第三季度，微信及Wechat月活达到13.09亿。

毋庸置疑，微信已经成了交流的重要工具。但就像一个硬币有两面一样，微信也是一把双刃剑，使用得当，事半功倍，有利于提高工作效率；使用不当，事倍功半，甚至有损形象。

那么，如何正确使用微信，提高沟通效果，树立良好形象？这就需要我们了解和掌握微信礼仪。

一 起名要规范

很多人认为，微信用户名就是网名，起名可以随心所欲。比如，有些微信用户用党和国家机关名称来命名，很不严肃；有些用外国政要人名来命名，如“特·朗普”“普金”等，更有甚者采用恐怖分子的名字如“本·拉登”；有些把丑当美，视低俗为高尚，如叫什么“非洲小白脸”“坐在墙头等红杏”“你大爷”；有些名称则让人难记难懂，如用一长串英文字母和数字起名，用看不懂的似汉字非汉字的字当名字；等等。微信名虽说是网名，但应本着利于交往、利于记忆的目的起得规范、高雅，而不能随心所欲、标新立异、哗众取宠。

二 加友要礼貌

添加他人为好友，要在备注栏里做自我介绍。不做自我介绍就加他人，如果微信名不是自己的真实名字，会让被添加的人感到困惑，有一种“猜猜我是谁”的感觉，更多的时候会被直接忽略掉；即使微信名是自己的真实名字，为体现对被添加人的尊重，做自我介绍也是必要的。

添加微信通讯录中的好友入微信群，要事先征得当事人的同意。在现实生活中，我们经常会莫名其妙地收到很多弹出信息，而这些信息大多毫无用处，究其原因，是我们被拉入了各种各样的群。

三 语气词是关键

为什么故事中的一个“嗯”字就引得老板不满？因为这个字的背后透露出一种敷衍、不耐烦、不礼貌的态度。反过来说，如果再加上一个“嗯”，变成“嗯嗯”，或者大家常用的“哦”改成“哦哦”就显得礼貌了很多。多一个还是少一个字的微妙差别，就是这么明显。尽管我们无法从语言学、交际学、心理学等角度来分析“嗯”和“嗯嗯”的区别，但是却不得不承认，这种区别客观存在，并且为绝大多数人所接受，那么我们就应该去遵守。

另外，“啊”“呀”之类的语气词也需要引起注意。下面举两个真实的例子。

例一：老师让学生填写一个表格，学生回答说：“我不是填了吗？”这明显感觉到不耐烦，如果改成“老师，我已经填了呢！”听起来就非常舒服。

例二：甲没有看到乙所发的信息，于是对乙说：“在群里说一下吧。”乙回复说：“我已经发过了啊！”甲感觉乙不耐烦。如果乙回复：“我已经发过了呢，请爬楼查看哦！”是不是听起来温暖多了呢？

四 语音要慎发

2018 年 4 月，《重庆晚报》曾经报道了一条新闻，重庆一个小伙子用微信给领导汇报工作时，连发了多条语音，结果被批评为“态度不端”。乍一看，把语音和工作态度扯上边，似乎有点牵强，但仔细想想，汇报工作时“少用语音多用文字”还是有道理的：语音没有文字简洁明了，接收者有时不方便接听，有时听起来不清晰还要反复听，即使用“转换成文字”功能，也有可能因普通话不标准而出现偏差，甚至产生歧义。礼仪，是让人家方便，所以“少用语音多用文字”，就是出于礼貌和效率的一种“微信礼仪”。

五 表情要慎用

表情符号作为一种“非语言的表达方式”，在一定情境下比文字更简练、更形象、更传神、更富有表达力，但是在职场，回复上级仅仅使用表情符号是不妥的，表情符号并未设定明确含义，每个人的用法都可能不同，在不同情境下含义也可能不同。由于文化环境的差异，同一个表情符号，不同的人会有不同的理解。

六 “在吗”惹人嫌

“在吗”这种打招呼方式，被列为 2017 年十大最惹人反感的流行语之一。由于这个词本身无任何交流信息，而被问者必须先回复这句问话，只对提问者有好处，而被问者必须先回复，才能获得后续信息，因此是微信时代最令人讨厌的打招呼方式。

另外，“在吗”也很浪费对方的时间，因为“在吗”没有任何信息，而对方也不一定立马就能看到你的留言，但当回复之后，你也不一定能够马上回复，所以时间差会造成时间的浪费，浪费别人的时间也是不尊重的体现。

例如：

S：老师在吗？

T：（过了 2 个小时）在了。

S：（过了 1 个小时）老师有时间吗？

T：（过了一天）有什么事情，你说吧。

S：老师，我叫小歪。

T：哦，小歪同学你好！

S：老师，我职业形象与礼仪的成绩出了错，我明明学习了却没有成绩。

T：你是哪个班的？

S：我是信息 ××× 班的。

T：（查了之后发现没有来上过课）

S：班长帮我核实过了，教务系统把我跟小 Y 的成绩搞错了。

T：……

如果改成下面的留言方式，是不是高效多了呢？

汪老师您好，我是信息 ××× 班的学生小歪，学号是 ×××，我的成绩出错了，能帮我修改吗？我已经跟班长确认过，有可能教务系统把我跟中德 ×××1832 班的小 Y 搞混了。您下周什么时候在，我把申请表拿过去给您签字。

七 要点要提炼

微信传文件确实很方便、很直接，但是记住不要直接给领导单独传图片或 word、ppt、pdf 文档，把一堆文件一股脑丢过去，让人莫名其妙。

一方面，这些文件发过去很容易，但很有可能因为格式问题无法查看。能打开，也要等半天，不够直接和方便。另外，这些文档只能作为附件来参考，核心内容、请示事项还是需要你提炼出来，或者把文字复制出来，编成摘要以文字的形式来发，一眼就能看明白。例如：收到一份会议通知，你可以把原件拍照发给领导，但还是要加一段文字：

“领导，上午收到 ×× 部门会议通知，请您 27 号周五到 ×× 会议中心参加 ×× 部署会，您是否参加？”

如果需要领导在电脑上查看，或需要保存的文档，就更不要用微信发送了。一来领导很可能不会用微信的电脑版。即使他们会用，手机转到电脑上保存，也是非常麻烦的一件事情，往往要经过好几道程序。二是假如你不在电脑前，没有打开微信电脑版，你还要自己回去后再用文件传输转发一次才能保存，这就非常麻烦。重要的需留存的文档，不如你直接发邮件给他，方便他查看和保存。

微信是个好东西，用好它的关键还是自己多做一点，让领导少做一点；自己麻烦点，人家方便点。

单元练习

课后思考

1. 如果领导通过微信下达任务，你该怎么回复？

2. 同事经常给你发语音，你不喜欢听语音但又不方便直接说出口，你怎么婉转告诉他？

3.“在吗”惹人嫌，那你如何跟对方发起对话？

4. 留语音不礼貌，但想表达的内容很多时，你感觉打字比较慢，你会怎么办？

5. 领导最喜欢用什么表情符号？

案例分析

有人酒后闲来无事，想吸引村民的注意力，便在微信群里散布疫情谣言，没想到吸引注意的不是谣言，而是自己被拘留的消息。这是3月2日发生在齐齐哈尔市龙江县的荒唐事。

3月2日，龙江县公安局龙兴派出所接到辖区居民举报，称龙兴镇居民张某在本村村民微信群内发布村里一20多岁男子已确诊感染新冠肺炎，且属于危重病例，现该人正在齐齐哈尔市医院住院治疗。

接警后，龙兴派出所立即对此事进行核实，经调查取证，最终确定张某所发布的信息不实，属谣言，遂依法将张某传唤至龙兴派出所。经询问，张某承认了因酒后闲来无事，为博取大家关注，产生散布谣言的念头，遂在本村微信群内散布不实信息的犯罪事实。

目前，张某因虚构事实扰乱公共秩序被龙江县公安局处以行政拘留10日的行政处罚，经龙兴派出所民警批评教育后，张某拍摄了对此事澄清道歉的视频，并表示已经认识到自己的错误，希望大家不要相信其发布的虚假信息。

讨论并分析，这个案例告诉我们，除了课本中提到的几点之外，使用微信还需要注意什么。

技能训练

中美贸易背景下，如何借助 Facebook 扬帆出海

Facebook 助力中国外贸跨入营销蓝海公开课

进入倒计时 9 天啦！

能见到多位 Facebook 大咖的机会来了哦！

之前没有接触过 Facebook 或对 Facebook 了解比较少的新朋友赶快加入，带你进入一个新的奇妙世界。

为什么要参加 Facebook 公开课？

您公司是否面临如下困惑：

一方面，在移动互联网的冲击下，传统外贸 B2B 平台的效果呈逐年下降趋势

★询盘数量和质量明显下滑；

★订单越来越小，趋向于碎片化；

★同行业竞争激烈，价格透明，利润下降。

另一方面，通过双向互动社交的平台却方兴未艾。Facebook 作为全球最棒的社交媒体，拥有 20 亿月活跃用户，占到全球互联网人数的三分之二。移动互联网对传统外贸企业来说，是挑战，也是前所未有的机遇。

Facebook 精准营销、精准定位的广告系统，把产品和品牌主动展示给全球数十亿的潜在目标客户，并通过与目标客户直接对话，掌握第一手的市场需求，从而快速、精准地获取大量有效询盘；

所以为帮助台州企业更好地利用 Facebook 精准开发海外客户，云动力携手上海“双推”企业——星谷公司及 Facebook 官方大中华区海外营销专家一道，为台州出口企业献上一次“社交媒体营销盛宴”。

如果您面临如上的痛处，想改变，尝试新格局

欢迎报名，给您一个拓展的渠道

认知外贸另外的一个领域。

活动时间：2019 年 6 月 13 日下午 14:00−17:00

活动地点：台州市椒江区东环大道 1688 酷车小镇 C 幢 2 楼云动力路演厅

以上是微信公众号的宣传，请把此链接发给你的领导，罗列要点并询问是否报名参加。

单元六 敢于当众讲话

学习目标

知识目标

1. 能够阐述三定练胆法。
2. 阐述什么是一简二活三口诀。

技能目标

1. 能够站在台上，做到站定、眼定、笑定。
2. 能够灵活运用一简二活三口诀进行产品介绍。

素养目标

1. 不惧怕当众讲话，做到气定神闲。
2. 善于当众讲话，吸引观众并留下深刻印象。

礼仪要点

眼定，笑定，站定，一简二活三口诀

建议学时

2 学时

自我设问

1. 我有过演讲的经历吗？
2. 我害怕在众人面前讲话吗？
3. 我最喜欢看谁的演讲？他是怎样讲的？
4. 我的讲话简短、扼要、清晰吗？
5. 同学间，谁讲话留给我的印象最深刻？

模块一 当众讲话

礼仪小故事

我国近代史上学识渊博的大学者胡适原来也不是一个很会在公众面前讲话的人。为此，他在美国留学期间，专门选了一门训练自己在公众面前说话的课程。

夏日酷暑的某一天，他第一次站在讲坛上讲话，会场下面听讲的人们扇着扇子，而被叫上讲坛的胡适却因为紧张全身发冷、腿直打战，准备好的词都忘了。他使劲地用手扶着讲台，希望借此掩饰一下内心的紧张，希望能记起一些词来。但老师为了锻炼他的胆量，竟叫人直接把讲台搬走，弄得胡适更加没了自信。

后来，在各种场合都非常会讲话的胡适先生回忆起那次经历时笑着说："因为我光顾着想下面的讲词，也就忘了我打战的双腿了，奇怪的是它们渐渐也不发抖了。"

一 无胆不敢讲

某心理学家曾在3 000人当中做了一次心理测验：你最担心的是什么？令人吃惊的是：约40%的人认为最令人担心也是最痛苦的事是在大庭广众前讲话，而死亡排在第二位。担忧自己在讲台上的表现是大多数人的烦恼，它困扰的不仅仅是"菜鸟"级的人物，更包括许多在演讲台上经验丰富的老手：马克·吐温在第一次演讲时口中像塞满了棉花，脉搏快得像争夺田径赛跑奖杯似的；腾讯公司创始人兼CEO马化腾曾经在参加一次重要的演讲活动时，由于紧张和恐惧，他的声音变得嘶哑，甚至有些结巴。他后来回忆说，那是他人生中最难忘的一次演讲，因为他感到自己的形象和信誉都受到了影响。

无法克服畏惧、建立起自信，就无法更有效地交谈。日常生活中，任何的沟通都离不开毛遂自荐、大胆直言。

二 练胆敢于讲

中国金话筒金奖获得者、中央电视台《新闻调查》原主持人殷亚敏曾开创性地提出"三定练胆法"，能够有效克服恐惧心理。

三定，即笑定、眼定、站定，帮助初学者调整当众讲话的状态，由紧张迅速转为沉着镇定。胆是心理素质，属于人的内在，但可以通过训练人外在的体态语，由外向内改变人的心理素质，让人很快地由"无胆"变为"有胆"。因此，对于没有胆的学员，可以通过外在的改变来增加胆量。学会微笑，学会眼睛交流，学会站定再说话，就能够由外向内改变不自信的状态。

（一）笑定

“笑定”，就是让笑容定在讲话者的脸上。从你开始起步走上台的时候就要面带微笑，在讲话过程中要面带微笑，讲完话最后走下台时还要面带微笑。

微笑对观众来说有两个作用：悦目、悦耳。

悦目，就是观众喜欢演讲者微笑的表情。面带笑容的讲话者，还没有开口就已经从视觉上吸引了观众。

悦耳，也就是你笑着说声音更加好听。因为笑着说口腔是打开的，传递出来的声音是积极阳光的，所以要笑着说。某房地产公司做销售培训的时候做过这样一个试验：请一位销售员先用平常的口吻说：“请问您需要二桥边上的房子吗？”再笑着说同样一句话，然后问大家的感受。大家一致认为笑着说听起来更舒服、悦耳。

笑有魅力，才能吸引观众。微笑就是紧张无胆的克星，你微笑了，观众就认为你是从容自信的。当你站在台上，未曾开口先有笑，就已经展示出你的魅力，吸引了观众的眼球。

（二）眼定

眼定就是演讲者在台上讲话时眼睛始终和观众交流。眼睛看观众，这是讲话成功的奥秘之一。

眼定就是做到了演讲者目中有人。在台上讲话时眼睛要会说话，始终和观众交流，展示自信和沉着。一个出色的演讲者，是很善于用目光和观众交流的。

眼睛是传递非语言信息的最有效的渠道。中国企业家网上有篇文章专门分析了乔布斯的目光交流艺术。乔布斯比一般的演讲者更注重保持目光的接触，他很少在演讲时读幻灯片或注释。乔布斯并没有完全淘汰注释。进行示范展示时，他常常会参照事先准备好的注释提示。苹果公司的Keynote演示软件，使得演讲者可以很容易地参考准备好的注释，而观众只能看到显示在投影仪上的幻灯片。如果乔布斯逐字逐句地阅读注释，台下也没有人知道。但是他一直和听众保持着目光交流，偶尔扫视一下幻灯片，然后迅速将注意力转移到听众身上。

站在台上讲话的时候，眼神交流的方位要准，就是我们要把台下分为三块，左、右、中，如：

“各位领导（看左边），各位同事（看右边），大家好（鞠躬）”。通过这种练习，你的目光就会一直跟观众交流，全场每个角落都关照到了。不过要注意的是定睛看一个人是不对的，要看一片人，因此眼神是虚的。

（三）站定

站定就是上台后身体要站如松，站定三秒再开口，讲话结束后停三秒再下台。

站定给人的第一印象就是直和稳。因为我们上台讲话都是从台下走到台上来，从走到站定，停三秒再开口说话，给人的第一印象是沉稳、淡定。

上台的时候侧面看着观众，面带微笑，站定后，停三秒再开口说话，千万不能没站稳就说，看上去张皇失措的样子，因此停三秒很重要。

停三秒是简洁有效的训练方法。因为它可以做到三稳：第一是稳场，第二是稳胆，第三是稳速。

（1）稳场：稳场就是站在台上不说话，下边反而安静了，洗耳恭听。

（2）稳胆：越是紧张、害怕，上台越要停三秒，因为在你上台数数的时候，脑子就不能想紧张了，数完后定下来了，万事开头难，头开好了，下面就很容易镇静下来。

（3）稳速：凡是紧张、害怕、上台不自信的，其一是语速快，这样容易造成措辞不严谨，要克服快就可以通过停三秒的方法；其二是气息换不过来，因此通过停三秒的方法改变语速也是非常重要的。

案例分享

在参加普华永道公司面试时，有一个环节是需要应聘者根据抽到的题目做一个5分钟的个人演讲。我用几分钟的时间列好演讲大纲后便迈着沉稳的步伐上场了。在演讲过程中，由于平时多次练习，我能始终保持着“三定”：笑定、眼定与站定。我在演讲时一直对听众报以自信的笑容，并时常进行眼神的交流，保持仪态。除此之外，我还辅以必要的手势动作使演讲更加生动，如简单表示趋势上升、下降或波动的手势。在演讲结束后，我看到公司合伙人对我投来赞许的目光，后来获得了他对我“演讲得体大方有气场，逻辑非常清晰”的好评。这次成功的演讲经历也给予了我很大的信心。

当众讲话

模块二　一简二活三口诀

礼仪小故事

智能云警具备智、增、灵、快、省五大特点。

智是智能，新交规、新车牌推出时，算法持续迭代更新、业务不中断。

增是增速，单台设备单日执法能力提升1000条以上。

灵是灵活，指哪儿打哪儿，执法覆盖率最高提升至全城100%。

快是快速，建设周期降低70%，最快一天出战果。

省是省钱，较新建前端建设，建设成本可降低65%。

何谓一简二活三口诀？

一简，就是用一个字、一个词、一个成语来简要地表达观点。比如，习近平总书记在讲话中提到，领导干部的讲话要“短、实、新”。短、实、新就是提炼出来的观点。那如何做到一简？就是讲话要有思想，思想要提炼出观点，观点要压缩字数。提炼出来的观点最多是4个字，最好是1个字。

二活，就是通过讲故事、讲细节、讲数字等方式，使观点丰富，有画面感。比如一位市领导说孔雀东南飞，意思是中西部的人都往沿海方向走，于是人家就问他，那您应该怎么做呢？他说事业留人，感情留人。具体怎么做呢？那位领导哑口无言。这就是没有二活。

三口诀，就是把观点串起来，听起来朗朗上口。口诀化的方法有四同：同字压缩；同音替代；同韵集合；同性相连。比如诵读经典可以达到三修，即修声、修身、修心。

一简二活三口诀由于好听、好记，就会达到吸引人的目的。

在职场上，销售员有一项很重要的工作任务就是介绍产品，除了准备自己的个人形象以及相关礼仪之外，表达清晰、生动好记，也是对客户表达了尊重，是礼仪。

下面以殷亚敏先生博客上一个学员的介绍为例，进一步说明如何应用一简二活三口诀。

> 我是×××。我公司主要从事跨境电商，主营进口化妆品和保健品。我公司产品有三大特点：快、准、狠。
>
> 快。运输时间够快。例如：美国的代购商货物到达国内客户需要15天，而我们仓库就在香港，只需3天即可到达国内一线城市客户手上。
>
> 准。精准海外选品。例如：国内某女明星参加一个活动期间，突然从包里掉出一支在使用的护手霜，当时马上被媒体关注，我们公司高管在看新闻时看到，当即联系澳佳宝厂家，直接向厂家订了一个货柜，当时一个货柜货值500万元，厂家为我们这个大订单感到吃惊。当时我们用了不到一个月时间就把货物卖完了，为公司创造了一笔丰厚的利润。
>
> 狠。价格很低，比代购节省50%。如代购者原来在卖汤普森葡萄籽胶囊一瓶210元，而我们的售价只需108元，为什么呢？因为代购者是从商场零售价买下来，再加自己利润，而我们是直接与厂家合作，出厂家直达消费者手上。

在上述例子中，我们看到了鲜活的“一简二活三口诀”，用时短，方便记，听起来朗朗上口，容易给顾客留下深刻印象。

单元练习

课后思考

1. 什么是三定练胆法?
2. 为什么三定练胆法能够克服胆怯的心理?
3. 为什么要停三秒再说话?
4. 什么是一简二活三口诀?
5. 为什么说表达观点，最多不超过4个字，最好1个字?

案例分析

华为公司构建了激励的三分机制：分利、分权、分名。

一是分利，即基于利益的薪酬分享机制。在分利这个层次上，华为的做法非常多元化。包括宽带薪酬、奖金、虚拟饱和配股、TUP股权激励、各种专项奖方案等都充分体现了华为在分利方面所做出的努力，这些做法对中国企业非常具有借鉴意义。

二是分权，即基于职位的、权力的分享机制。例如，华为从2011年开始实施轮值CEO制度，轮值CEO在任职期间作为公司经营管理及危机管理的最高责任人，对公司生存发展负责。从2018年开始，华为董事长也开始实施轮值CEO制度。

三是分名，即基于专业的、名誉的分享机制。公司级的通用奖项，如金牌奖、天道酬勤奖、优秀家属奖、明日之星奖，每一个奖项都有它的导向。企业可以不断构筑体现文化价值观的荣誉奖项。例如：华为公司的“蓝血十杰”就是一种激励追溯机制。对于员工在3年前、5年前的工作创造（如技术研发、新渠道等），当时可能没看到或者没能力评估成果，但后期获得重大成果的，企业应该对这种贡献进行追溯荣誉奖励。

讨论：运用“一简二活三口诀”的方法分析上面的案例。

技能训练

1. 有一位主持人在主持中国著名的经济学家周其仁讲座的时候，亮出了三个观点：身世奇、讲课奇、剑法奇。

把这三个观点口诀化。

2. 下面介绍一下×××酒店，其特点就是三个字：________________。

______，空气清新，新风系统+去异味机器人，打造负氧离子空间。

______，五星级清洁标准＋除尘、除螨仪深度洁净。

______，中国风人文情怀＋竹文化精致微景观，已经成为摄影师网红打卡地。

我们的特点是：____________。

在横线上填表达观点的字，使内容完整。

单元七 细致安排会议

学习目标

知识目标

1. 能够阐述选择主持人的礼仪。
2. 说明如何安排发言顺序。

技能目标

1. 能够根据与会的情况安排座次。
2. 能够向上级有效地汇报工作。

素养目标

1. 养成细心周到的习惯。
2. 培养讲话清晰、逻辑性强的思维。

礼仪要点

座次，主持人，发言顺序，工作汇报

建议学时

2 学时

自我设问

1. 我知道会议中座位安排有讲究吗？
2. 我知道如何主持会议吗？
3. 我有过主持会议的经历吗？
4. 出席会议需要考虑着装吗？
5. 领导对我的工作汇报满意吗？

模块一　会议安排

会议及会议行为是职场中一个非常重要的话题。会议礼仪，简而言之，就是参加各类会议时应遵守的行为规范。

一　座次安排

职场礼仪包括政务礼仪、公务礼仪、商务礼仪、国际礼仪、社交礼仪、服务礼仪六大部分，就职场会议礼仪中的座次规范而言，它们之间既有相同的地方，也有不同的地方，需要认真地加以区别和把握。相同的地方是：所有的职场会议座次安排都必须遵循“中央为上和前排为上”的原则，通俗的说法是“中央高于两边，前排高于后排”，这是所有职场礼仪中最通行的一种礼仪规范了。除了“中央为上、前排为上”以外，不同的礼仪有不同的规范。政务礼仪、公务礼仪、有政府背景的社交礼仪中的座次规范应遵循四项基本原则：面门为上、中央为上、前排为上、左边（指中央之人的左手边）为上。国际礼仪、商务礼仪以及涉外的社交礼仪中的座次规范同样遵循三项基本原则：面门为上、中央为上、前排为上、右边（指中央之人的右手边）为上。如图 3-7 所示。

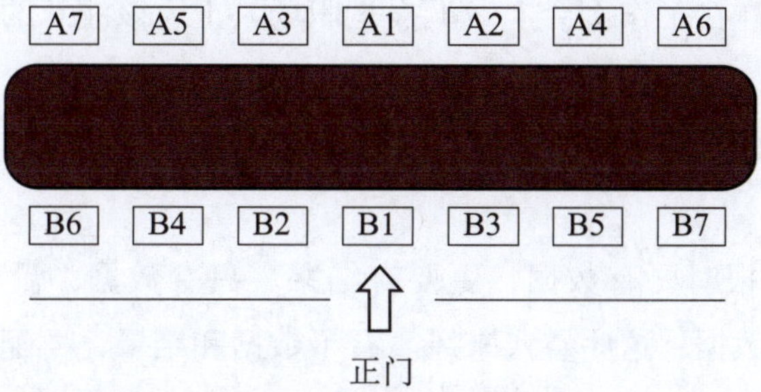

图 3-7　会议座位安排

二　主持人的选择

会议能否取得成功，在很大程度上取决于主持人的水平和应变能力。譬如在会议进行之中，突然有代表提出异议，作为主持人是拒绝，还是因势利导，能否顺势而为、灵活处置，都考验着他的应变能力。优秀的主持人要本着确保会议成功的宗旨，因势利导地处理好会议期间发生的任何突发性事件。会议的主持一般分为两种：一是规格较高的商务或国际会议，以及所有的高层次的政务会议，一般应选职位较高且具有一定声望的人来担任，这样做其实是一种约定俗成，主要目的还是彰显对会议的重视程度。二是一些商务会议、群众集会，可以选一些虽然没有什么职务职称，但却有一定影响和经验的人来担任，譬如可以选一位电视主播或电影演员之类的人，也可选具有一定知名度的人来担任。

三 发言顺序的排定

有会议就有讲话或者发言，有发言就应当有排序，发言顺序的排定，可以有三种选择：一是无论政务、商务还是国际礼仪都遵循一般的排序原则，即由职务低者先讲，依次由低到高进行排序。二是在某些特殊的场合，可以考虑按职务大小、地位高低的不同，由高往低进行排序。特殊情况下，也可随机调整。三是纯艺术和学术的研讨会、各类协商协调会则不必拘礼，不分职务高低、年龄大小、男士女士，均可自由发言，甚至可以在意犹未尽之时重复发言。

模块二 汇报礼仪

在职场中，如何做好汇报工作是职场菜鸟在成长为成熟人士前都需要经历的过程。该怎样做汇报、该怎样在工作例会上做汇报是职场人士应该注意的一个问题。这里有以下几点建议：

第一，对上级汇报时应学会察言观色，学会换位思考，学会使用商务语言，使汇报工作更有效。

第二，对上级汇报时要有数据，更要有结果。只有数据，没有结果，这叫没有效率；只有结果，没有数据，这叫空穴来风。有了数据和结果，再配以条理性的表述，才会让人印象深刻。

第三，对上级汇报时，先谈结果再谈过程。所谓“汇报工作谈结果”就是这个意思。汇报工作先谈结果，可以节约双方的时间，集中精力和时间进行有效的讨论。

第四，对上级汇报时，除了汇报问题，更要提出解决问题的方案和计划。如果是问题没办法解决，也可以提出期待上级具体在哪些部门给你帮助的请示。这样高效的汇报，能加快问题解决的速度。

第五，对上级汇报时，应善于总结。“编筐编篓，贵在收口”，具有良好职业习惯的人在汇报时，除了表述有理有据之外，还有一点是善于总结。在总结时，对于特别应该关注的事项，一定要重复强调。

第六，汇报结束后，如果上级谈兴犹在，不要急于走开，不要表现出不耐烦的体态语言，应在上级表示谈话结束后，再向上级告辞。

单元练习

课后思考

1. 会议座次安排有什么讲究？
2. 国际商务会议跟政务会议在座次安排上有什么不同？
3. 在发言顺序上，国际礼仪遵循什么样的排序原则？
4. 向上级汇报工作有什么讲究？
5. 什么时候跟上级告辞？

案例分析

电影视频：《杜拉拉升职记》

讨论并分析为什么杜拉拉被玫瑰抢白了一顿。

电影视频：
杜拉拉升职记

技能训练

今天的会议太失败了，没有开完就散会了。从与会的领导到参加会议的人员，从组织会议的人员到服务会议的人员，都十分不满。主要存在如下几点问题：

（1）会场突然停电。

（2）讲话的话筒忽高忽低、有杂音，严重影响会议质量，与会人员听不到领导讲的内容，领导讲话也影响发挥，会议效果十分差。

（3）卫生间坏了，空调设备老化不能制冷；会议室太小，容纳不下与会人员，造成会议场外的混乱。

如果今天的会议是由你负责安排的，但结果很失败，根据上面信息向领导汇报情况。

四、商务往来篇

单元一 塑造商务形象

学习目标

知识目标

1. 阐述商务着装跟一般的职场着装有何不同。
2. 记住商务场合的袜子颜色。

技能目标

1. 能够根据自己的形体特征选择衣服。
2. 能够穿高跟鞋从事活动。

素养目标

1. 培养穿着商务套装的意识。
2. 提升个人商务形象的审美标准。

礼仪要点

头发，面部，手部，鞋子，套装

建议学时

2 学时

自我设问

1. 我喜欢披着头发吗?
2. 我多少天洗一次头发?
3. 我会穿高跟鞋吗?
4. 我有黑色的船形皮鞋吗?
5. 黑色皮鞋应该搭配什么颜色的袜子?

礼仪小故事

小张和小李同时入职一家上市公司。小张周末时穿一身休闲装，打扮得青春靓丽，但上班期间，她都穿深色套装，看上去成熟稳重，深受领导赏识。

小李是业务骨干，但每天不修边幅，领导看在眼里，藏在心里。当有客人来访需要接待的时候，领导总是派小张前去接待，小李感到很纳闷，明明自己业务能力比小张强，长得也不比小张难看，为什么领导不让她去接待客户呢？

若说日常礼仪注重“心意”，那么商务礼仪更注重“表面功夫”，从发丝到鞋袜，从气味到眼神，从举止到言谈，无不细致入微。商务往来中，约见客户是非常重要的一环，生意的成败往往取决于短短的“一面”之间。那么该如何把握住每一次的商务会面，如何在不计商谈内容的前提下，靠仪表、举止迈出征服客户的第一步呢？

一 女士的商务形象

女士的商务形象如图 4-1 所示。

头发：头发整洁、不油腻、无头屑、无异味，得体定型，前不遮眉眼，侧不挡脸，后不披肩，碎发收起，不做夸张怪异的烫发、染发。

面部：面部洁净，淡妆通透，口腔无异味，牙齿清洁。

手部：指甲整洁无污垢，不要蓄留过长，定期修剪；及时修剪手部死皮，不涂抹过于鲜艳的甲油。可涂透明和浅淡色系甲油，甲油剥落及时修补。

服装：毛料套装，深色、单色为宜。

鞋子：黑色高跟，良好皮质，船型为宜。

袜子：肤色连裤丝袜最佳，随身携带备用丝袜。

图 4–1 女士的商务形象

二 男士的商务形象

男士的商务形象如图 4-2 所示。

头发：头发整洁、不油腻、无头屑、无异味，头发得体定型，前不遮眉眼，侧不遮耳朵，后不触衣领，不做夸张怪异的烫发、染发。

面部：面部要洁净，胡须修整齐，鼻毛不外露，口腔无异味，牙齿需清洁。

西装：毛料套装，深色为宜。

衬衫：衬衫选择纯色或条纹，一般为纯白或浅蓝，胸前无口袋。

领带：基本花色为纯色、小花纹与条纹三种。领带紧贴领口，系得美观大方。

鞋子：黑色，良好皮质，鞋跟独跟、鞋底立边，3～5 孔，系带鞋。

袜子：黑色 / 深色，棉质，长度以穿裤装坐下不露出腿部皮肤为宜。

图 4-2　男士的商务形象

注意：

如果天气较冷，穿了外套、戴了围巾，应在进门前自觉脱下，里子朝外搭在手臂上。

单元练习

课后思考

1. 商务形象跟职业形象有什么不同？
2. 女士发型有什么要求？

3. 为什么男士最好穿系带皮鞋？

4. 女士的丝袜有什么讲究？

5. 为什么需要随身携带备用丝袜？

案例分析

小张是一家物流公司的业务员，他口头表达能力强，熟悉公司的业务流程，也能得体地介绍公司的产品及服务，给人既朴实又勤快的感觉，在业务人员中学历最高，可业绩却总是上不去。

小张自己非常着急，却不知问题所在。他从小大大咧咧，不修边幅，头发经常是乱蓬蓬的，指甲长长的也不修剪，身上的白衬衫常常皱巴巴且又经常变色，他喜欢吃大饼卷大葱，吃完后却不知道去除异味。

分析为什么小张很努力，却业务平平。

技能训练

精心打造个人商务形象，以小组为单位上台亮相，接受其他同学的评价，最后由教师进行点评。

单元二 周到接待客户

学习目标

知识目标

1. 阐述接待流程。
2. 阐述接待原则。

技能目标

1. 能够制定接待计划，并做出合理安排。
2. 能够周到礼貌地迎接客户、陪同客户、送走客户。

素养目标

1. 养成周到细致接待客人的习惯。
2. 提升待人处事的能力。

礼仪要点

迎候，陪同，待客，交谈

建议课时

2 课时

自我设问

1. 我是怎样接待客人的？
2. 谁的接待给我留下了深刻的印象？
3. 我对客人一视同仁吗？
4. 有客人需要迎接，我会打扮自己吗？
5. 我给客人送过礼品吗？

接待是人们在日常生活与工作中经常遇到的事情，“接待无小事”“接待显形象”都说明了接待的重要性。但是商务接待和一般的前台接待大有不同。就一般的前台接待来说，包括服务行业的一些接待，只要做到“待客三声”就差不多了，即来有迎声、问有答声、去有送声。但商务接待则不同，它首先要注意一些非常具体的细节。比如，接待的客人身份不一样，接待要求不同。接待的场所不一样，接待要求也不同，就连客人的陪同要求也不同。另外，在接待客人的过程中，一些具体操作的细节也有所不同。但一般来说，公司越大、级别越高，越注重接待细节。

一 接待前准备

（一）制定来宾接待通知单

制定并填写来宾接待通知单，以便有条不紊地安排接待工作。通知单有多种格式，但一般需要包含以下信息：来宾名称、人数、接待方人员、行程安排、车辆安排、电子屏、会议室布置、环境布置、着装要求、住宿酒店、用餐地点、媒体采访、落实人员等，具体视情况而定。如表 4-1 所示。

表 4-1　来宾接待通知单

<table>
<tr><td colspan="2">团体名称</td><td colspan="1"></td><td>人数</td><td></td></tr>
<tr><td colspan="2">日期</td><td></td><td>接待级别</td><td></td></tr>
<tr><td colspan="2">接待负责人</td><td></td><td>接待联络人</td><td></td></tr>
<tr><td colspan="2">主要来宾名单</td><td colspan="3"></td></tr>
<tr><td colspan="2">我方出席人员</td><td colspan="3"></td></tr>
<tr><td colspan="5">接待行程</td></tr>
<tr><td>时间</td><td>内容</td><td>地点</td><td>随同人员</td><td>具体落实</td></tr>
<tr><td></td><td></td><td></td><td></td><td></td></tr>
<tr><td></td><td></td><td></td><td></td><td></td></tr>
<tr><td></td><td></td><td></td><td></td><td></td></tr>
<tr><td colspan="5">接待安排</td></tr>
<tr><td>事项</td><td colspan="2">内容</td><td colspan="2">具体落实人员</td></tr>
<tr><td>用车要求</td><td colspan="2"></td><td colspan="2"></td></tr>
<tr><td>电子屏</td><td colspan="2"></td><td colspan="2"></td></tr>
<tr><td>名字牌名单</td><td colspan="2"></td><td colspan="2"></td></tr>
<tr><td>会议室投影</td><td colspan="2"></td><td colspan="2"></td></tr>
<tr><td>会议室布置</td><td colspan="2"></td><td colspan="2"></td></tr>
<tr><td>环境卫生</td><td colspan="2"></td><td colspan="2"></td></tr>
</table>

其他要求	宣传：	
	门卫警卫： 车辆引导：	
	用餐：	
	住宿：	
	礼品：	
备注：		

（二）制定日程安排表

上面提到的来宾接待通知单用于内部安排，而议程内容需要跟对方事先沟通，了解需求后再制定。确定之后，电子稿先发给客户，接待当天需摆放在会议桌上，人手一份。下面以浙江某公司接待美国某公司的三天行程安排为例。如表 4-2 所示。

表 4-2　接待行程安排表

<table>
<tr><td colspan="3">American ××× visiting schedule（Nov.13—15，2019）
（×××11 月 13 日—15 日来访日程表）
美国 ××× 团队：×××（执行总裁），×××（美国区总经理），×××（大中华区总经理）
Weather（天气）：Nov.13 Cloudy 8℃～16℃；Nov.14 Sunny 8℃～16℃；Nov.15 Cloudy 8℃～16℃；
Hotel（酒店）：Yaoda International Hotel</td></tr>
<tr><td>Time，Date（时间，日期）</td><td>Schedule（日程安排）</td><td>Participants（参与人员）</td></tr>
<tr><td></td><td></td><td></td></tr>
<tr><td></td><td></td><td></td></tr>
<tr><td></td><td></td><td></td></tr>
<tr><td></td><td></td><td></td></tr>
<tr><td></td><td></td><td></td></tr>
<tr><td></td><td></td><td></td></tr>
</table>

把类似这样的安排表格放在会议桌上，一目了然，以便双方都对安排有详尽的了解。

二　接待过程

（一）迎接

对前来访问、洽谈业务、参加会议的外国、外地客人，应先了解对方到达的车次、航班，安排与客人身份相当的人员前去迎接。若因某种原因，相应身份的主人不能前往，前去迎接的主人应向客人做出礼貌的解释。主人到车站、机场去迎接客人，应提前到达，恭候客人的到来，绝不能迟到，让客人久等。否则事后无论怎样解释，都无法消除这种失职、失信所带来的消极影响。

在人声嘈杂的迎候地点迎接素不相识的客人时，务必确认客人的身份，通常可行的方法有四种。第一，使用接站牌。可事先准备好一块牌子，上书“热烈欢迎某某同志”或“某单位接待处”，尽量不要用白纸黑字，让他人感到晦气。第二，悬挂欢迎横幅。在迎接重要客人或众多客人时，这种方法最适用。通常，欢迎条幅应以黑色毛笔字书写于红纸上并端庄地悬挂于醒目处。第三，佩戴身份胸卡。这是指迎宾人员在迎宾现场所采用的，以供客人确认本人身份的一种标志性胸卡。其内容主要为本人姓名、工作单位、所在部门及现任职务等。可别在左胸前或戴在脖子上。第四，自我介绍。这四种方法可以交叉使用。接到客人后，应向客人施礼、致意，同时注意以下四点：热情握手——主动寒暄——自我介绍——有问必答。

（二）送宿

主人应提前为客人准备好住宿，帮客人办理好一切手续并将客人领进房间，同时向客人介绍住处的服务设施，将活动的计划、日程安排交代给客人，并把准备好的地图或旅游图、名胜古迹等介绍材料送给客人。将客人送到住地后，主人不要立即离去，应陪客人稍做停留，热情交谈。谈话内容要让客人满意，如客人参与活动的背景材料、当地风土人情、有特点的自然景观、特产、物价等。考虑到客人一路旅途劳累，主人不宜久留，以便让客人早些休息。分手时应将下次联系的时间、地点、方式等告诉客人。

（三）陪同

这里不赘述，具体请参考“职场活动篇”中的单元二：规范行为举止。

（四）待客礼仪

斟茶是一项很重要的礼仪。具体如下：

（1）应站在客人右边倒茶。

（2）应注意茶叶要适量。

（3）倒茶八分满。

（4）注意不要把水洒出来。如果不小心洒了水，应及时用抹布擦去。一般上茶时左手端的茶杯垫布可用来擦水。

（5）茶盖揭下来应倒放在桌子上，以避免弄脏茶盖。

（6）茶泡好后，盖好茶盖，应把茶杯摆在客人右前方，茶杯把手向右，以利于客人端放。

（7）如果有一桌客人，中间有一主人，应首先从主人的右边即第一主宾处开始倒起，顺时针转动倒茶。

（五）交谈

在接待工作中，与客人交谈时，一定要做到洗耳恭听、专心致志，一心一意地对待客人，要精神集中，表现出浓厚的兴趣，不要表现得心不在焉。接待客人时，忌讳在客人面前摆架子、爱搭不理、无精打采，或看书、看报、打电话，不停地看表、起身，把客人冷落在一旁。

三 送客

人们常说："迎人迎三步，送人送七步。"可见送客礼仪是多么的重要。接待工作顺利完成后，作为一位懂礼、敬礼者，必须认识到送客比接待更重要，这是为了留给对方美好的回忆，以期待客人能再度光临。因此，送客又被称为接待工作的"后续服务"。在送客时应注意：当客人告辞时，应起身与客人握手道别。对于本地客人，一般应陪同送行至本单位楼下或大门口，待客人远去后再回单位。如果是乘车离去的客人，一般应走至车前，接待人员帮客人拉开车门，待其上车后轻轻关门，挥手道别，目送车远去后再离开。对于外来的客人，应提前为之预订返程的车票、船票或机票。一般情况下，送行人员可前往外宾住宿处，陪同外宾一同前往机场、码头或车站，必要时可在贵宾室与外宾稍叙友谊，或举行专门的欢送仪式。在外宾临上飞机、轮船或火车之前，送行人员应按一定顺序同外宾一一握手话别，祝愿客人旅途平安并欢迎再次光临。飞机起飞、轮船或火车开动之后，送行人员应向外宾挥手致意，直至飞机、轮船或火车消失在视野里，送行人员方可离去。送行人员不可以在外宾刚登上飞机、轮船或火车时，就立即离去。

四 接待原则

第一，平衡。它并不是平等的意思，如果理解的话，它含有某些平等的意思，但是实际上它比平等的意思还独特。在我们日常工作和交往中，经常会遇到这样的事，在同一时间、同一地点、同一场所，需要接待来自不同单位、不同部门的多方的客人。比如，现在搞个记者招待会，同时来了 20 家报纸和电视台的记者。如果要去招呼客人，去握手、去干杯祝酒、去让座，前后左右排列就有一个礼宾次序的问题。在这种情况下，既要讲礼仪，更要强调平衡。它的基本要求实际上就是不要厚此薄彼、嫌贫爱富，用外交辞令来讲，就是对大国、小国、强国、弱国、富国、贫国都要一视同仁。比如，两个来宾身份地位都一样，都是董事长，都是总经理，公司大小是另外一回事了。职务在这儿呢，平衡在此刻最重要。

第二，对等。道理很简单，我们中国有句老话，叫来而不往非礼也。你敬我一尺，我敬你一丈。我到一个单位去，他们怎么招待我，下次他们来，我就怎么招待他们，这就叫礼尚往来，亦即对等。

第三，惯例。约定俗成的习惯做法，即惯例。举个例子，接待比尔·盖茨，虽然你的公司没接待过，但是比尔·盖茨绝对是 VIP 级别。

接待 VIP 一般有这么几种办法：第一种办法是比照我方人员到对方处访问的时候，对方对我方接待的方法，这是对等。第二种办法是按国内其他同行单位接待比尔·盖茨的可行的做法。假如别的公司接待效果挺好的，我们就可以把其他公司的接待经验拿来借鉴或效仿。比如他们安排比尔·盖茨住的是商务套间，我们就没有必要给他住总统套房。他们给比尔·盖茨住了一家三星级酒店，我们就没有必要安排五星级酒店。他们给比尔·盖茨准备了两辆车，我们就没有必要安排十辆。借鉴别人的成功做法，这叫参照惯例，即借鉴约定俗成的做法。

无论如何，在待人接物时一定要做到真诚而又热情。一般情况下，在接待时都会"款待"客人，其中"款"字代表的就是热情诚恳。有客人来访，按照相关礼仪制度，接待方式上肯定会有区别，但是内心的真诚热情应当是一样的。不管来客身份高低，只要在接待时表现出你真挚的情意和热情的态度，客人就会有宾至如归的感觉。

单元练习

课后练习

1. 接待前要做哪些准备？
2. 在陪同客户的过程中，要注意哪些规范的行为？
3. 为什么说送客跟迎客一样重要？
4. 商务接待跟一般的接待有什么不同？
5. 商务接待讲究什么原则？

案例分析

某公司为了一个大型项目公开向全国各地招标，经过重重筛选后，剩下了 3 家，于是他们决定通过实地考察决定把项目给哪家公司。

当他们公司的代表团乘坐火车来到宏利公司所在的城市时，等了足足半个小时，没有见到宏利公司的接待人员，虽然他们对这座城市不熟悉，但还是自行住了一家宾馆。随后接到了宏利公司经理的道歉电话，说是公司在忙乱中忘记了核对火车到站时间，并表达了歉意。最后，公司代表团同意第二天上午 8:30 在约定的地点与他们面谈。

但是到了第二天上午 9:00，宏利公司的经理才带着代表姗姗来迟，说是因为路上堵车，感到抱歉。

讨论并分析：透过宏利公司的接待问题，你如何看待这家公司？

技能训练

加拿大某公司的业务经理 Lina 发邮件给浙江台州某塑业有限公司，她将在 5 月 2 日到达义乌，3 日中午离开义乌前往台州，4 日上午离开台州前往深圳，邮件中还提到了见面需要商谈的事项。如果你是台州某塑业有限公司的业务员，你将会如何协助老总做好接待工作?

单元三 用心拜访客户

学习目标

知识目标

1. 阐述拜访客户前需要做哪些准备。
2. 阐述何时结束拜访。

技能目标

1. 能够搜集信息，为拜访客户做准备。
2. 能够跟客户进行得体的沟通。

素养目标

1. 拜访客户彬彬有礼，不卑不亢。
2. 提升自身素养，给客户留下良好印象。

礼仪要点

准备充分，彬彬有礼，得体谈吐，适时离开

建议学时

2 学时

自我设问

1. 我有过拜访客户的经历吗？
2. 令我印象最深的一次客户拜访是怎样的？
3. 拜访客户前我会做准备吗？
4. 我会跟客户公司的门卫、保洁人员打招呼吗？
5. 我想过要给门卫、保洁人员留下良好印象吗？

模块一　正式拜访

礼仪小故事

金勇是一位刚大学毕业分配到某公司的业务员，今天准备去拜访另一公司的张经理。由于事前没有张经理的电话，所以金勇没有预约就直接去了张经理的公司。金勇刚刚参加工作，还没有准备职业装，所以他选择了休闲运动的打扮。到达张经理办公室时，刚好张经理在会见客人。张经理的秘书告诉金勇，张经理一会儿会见完客人，还有个重要的会议，所以请他改天再来。金勇只好扫兴而去。

商务拜访是商业活动的一种重要形式，也是促成业务成交的重要手段之一，因此拜访是否成功对一个人会产生非常大的影响，也许会因此带来命运的改变。虽然人人都希望自己的拜访获得成功，但如果不懂商务拜访的礼仪，不做好精心的安排，往往会毫无收获。

下面结合电影《华尔街》的片段分析拜访三阶段的礼仪。

一　拜访准备

预约。拜访前先要预约，这既是对自己也是对他人时间的尊重。此外，拜访时，比约定时间提前一点到达，也是很好的礼仪习惯，这不仅有利于熟悉环境、放松情绪，还可以调整心情。电影中，福巴特没有预约而直接上门陌拜盖葛，这一般是在双方地位悬殊、约不到拜访对象的情况下采用的。

资料。根据拜访的目的准备好相关资料。

礼物。选择有纪念意义的礼物，最好投其所好，赠送的时机是在相互介绍后，入座之前。福巴特从《财星》杂志上看到并记住了盖葛的生日，并在备忘录中备注并且准确地知道他的爱好——古巴制的大卫杜夫雪茄。

入座。入室后，当对方请你坐下时再入座，否则就站着。外套和包等随身物品不要擅自放在对方接待室的桌子上，对方没有指示你可以放在哪里之前，就先自己拿着，或置于脚边。

交谈内容。交谈的主要内容也要事先做好准备。

自身准备。着装方面要符合礼仪，突显自己的特点，展示自己良好的精神面貌；当福巴特准备进入盖葛的办公室前，他再次在镜子前打量了一下精心修饰过的仪容仪表。

二　拜访过程

自信满满。拜访时，一定要显示出强大的自信，这是一切成功商务拜访的基础。自信不是自傲，不是狂妄，它是挂在脸上真诚的微笑，是挺拔的姿态，是大方的动作，是坚定的眼神，是说话的语气。自信贯穿了福巴特拜访的全过程。

彬彬有礼。彬彬有礼的态度是敲门砖，热情问候、主动招呼、极佳的亲和力、真诚的赞美，这一切都宣告你是一个彬彬有礼的人。福巴特主动招呼娜塔莉，对旁边一个并不认识的人微笑，赞美娜塔莉：你比我想象的还要美丽。

谈吐得体。与拜访对象商谈，要认真倾听对方讲话，并做笔记，细心地做笔记会给对方留下一个谦恭的好印象。在文具的选择上也要注意，质感低劣的文具会破坏自身形象。同时，要处理好“说”与“问”的关系。卡耐基有句名言：“说要说得对方想听，问要问得对方想说。”在处理“说”与“问”的基础上，还要提倡多问少说——要问对方能说的问题。只有“问”对问题，才能明白对方的兴趣及关注点。交谈时，应对事不对人，说自己的感受，不抨击对方；反驳对方时，应以委婉的询问方式表达。

拜访前，福巴特准备了两个方案，意欲推销给盖葛，但盖葛却并不看好，要求他说一些自己不知道的。知道了盖葛的兴趣所在，福巴特急忙调整，在他说出第三个方案时，终于得到了盖葛的回应。当盖葛对福巴特说：“有化妆品公司的生意吗？你是公司里面资历最浅的跑腿吗？”这时的福巴特无疑是尴尬的，但他却没有丢失他的微笑。因为有时尴尬的境地，可能是对方对你的一个考验，也可能是对方的激将法。

三 适时结束

到工作场所拜访，一般都是在工作时间。因此，拜访时间不宜长，一般控制在15分钟至半小时之内。如果拜访时间过长，就会耽误对方的其他事情，所以要选择适当时机向拜访对象告别。

当拜访对象有其他客人到来时提出告别。当有其他客人来访时，除非你与拜访对象的交谈非常紧急和重要，否则，即使你与拜访对象的话题没有谈完，也应立即向对方告别。告别的时候不要忘记向拜访对象的新客人微笑致意以示礼貌，这会让你的拜访对象感到满意。

当与拜访对象的话题结束时，应主动提出告别。在你所准备的话题结束后，要主动提出告别，防止出现谈论的空白，同时也要避免对方提出新的话题令你措手不及。

当对方有倦怠情绪时，应提出告别。当你感到对方不想再继续话题的时候，要及时提出告别，即使你不知道对方倦怠的原因，也不应继续与对方交谈。如果是你的原因造成了对方的倦怠，这样做可以弥补自己在谈话中的过失，对方会觉得你还不是一个十分讨厌的人。如果是其他原因造成了对方的倦怠，对方会因你的主动告退而产生一些愧疚心理，为下一步的交往奠定基础。

福巴特通过自己的得体谈吐吸引了拜访对象——盖葛先生的兴趣。他并没有乘胜追击，其一是盖葛先生还有其他安排，其二是福巴特提供给盖葛先生的建议还只是他自己头脑中的一个想法，并没有完善的计划。因此，及时地告辞，留有悬念，为日后的合作留下铺垫。

告别时也要注意：椅子要移回原位；出门前勿将外套穿上；对方若要相送一定要表示拒绝；若被送至电梯口，等电梯时需与对方进行适当交流，不能冷场，但要避免需要长聊的话题。

正式拜访

模块二　非正式拜访

礼仪小故事

一直播公司的小马要去拜访创业者联盟某领导，一旁的小真很着急："你一定得把衣服换一套，头发也打理打理。"

小马不以为然，这有啥的，又不是什么大事情。小真继续劝说："不行的，这对我们公司形象很重要，我一直告诉他们你是总经理，必须要有总经理的样子才行。如果印象不好，我们业务谈不成的。"

一　着装形象

在这个模块中，我们继续以电影《当幸福来敲门》为例，学习如何进行非正式拜访。克里斯利用周末时间走访潜在的大客户。

先来看一下克里斯的外表形象。白衬衫打底，领带外面加一件V领针织衫，再在外面穿一件立领夹克衫，这样微微露出领带头，是非常有品位的，也是平时穿着率非常高的搭配。很多男士在上班或者商务场合也会利用夹克配衬衫领带的方式来打造正装的造型。这样的穿搭，没有西装套装的正式，但又比运动服、牛仔裤之类的多几分正规，很契合周末时间走访客户。

观看过这部电影的都知道，克里斯非常贫困，靠卖扫骨仪为生，他只有一套西装，一件衬衫，每晚回家后都把衬衫洗好晾干，第二天再熨平整，梳整齐头发，这是他包装自己的第一步。

二　仪态

再来看看克里斯交谈时候的姿态表情。他身姿挺拔，面带笑容，交谈过程中眼神一直关注着对方，交谈的内容不多，但英语标准，没有浓烈的口音，语速不急不缓，看上去又非常自信，让人感到如沐春风。

自信是一种认识和态度，也通过人的风格来表现。英国形象设计大师鲍尔说：“成功男人的风格反映在外表，而优雅来自内在，它是你的自信及对自己的满意，它通过你的外表、举止、微笑展示。”

上述这些其实都构成了形象的语言和非语言信息，克里斯处理得很到位，留给对方非常舒服的印象。

三 交谈

再来看看他是如何交谈的。

克里斯：我是为那天失约而来道歉的。

罗宾：但是你没有必要专程来的。

克里斯：我们正好在这附近看一位好朋友，我想借此机会向您表示感谢。多谢您能够腾出宝贵的时间。

克里斯为了自己能够在有限的时间内争取到更多的客户，连周末休息的时间也放弃了。在美国，周末大家都会休息不谈工作，除非有紧急的事情。如果克里斯在别人的周末还跟人家谈工作，无疑是不顺应社交规范的。克里斯在周末带着儿子去碰运气找大客户罗宾先生，当在罗宾家门口见面时，克里斯首先为自己的失约而道歉，并为对方能够抽时间与自己交谈表示感谢，让对方感到自己是一个非常守信的人，这样又进一步给对方留下了良好的印象。紧接着他说是顺道而来，虽然所说的话语与事实相反，但是却顺应了周末休息娱乐这样的社交环境，同时也让客户罗宾觉得这样的谈话比较轻松，彼此的这种接触比较自然而非刻意。

非正式拜访

看似顺便路过的走访，实则是他的精心安排、有意而为，而他得体的礼仪形象是训练有素的职业素养的体现，是成功拜访的必备条件。

单元练习

课后思考

1. 如果你要拜访的是 VIP 客户，你会搜集客户的信息吗？
2. 如果首次拜访客户，恰逢客户生日，你会带礼物给他吗？

3. 拜访客户在等候时的表现，如何做到彬彬有礼？

4. 拜访时间的把握以一个怎样的礼仪尺度为标准？

5. 什么时候离开比较合适？

案例分析

跟主管约好了拜访客户的时间和地点，出发前主管说自己临时有事，让我一人前往。于是，我决定硬着头皮挑战自己。

我按照计划的路线向工地走去，到了工地区，看见了没在计划内的陌生公司的项目部，正犹豫要不要进去之际，看到远处两个工程师正拿着仪器走过来，我以为是目标客户，于是赶紧上前搭讪，递上名片，简单交谈后得知他们仅仅是负责测量工作，但他们愿意带我去见负责人。

负责人是一位大概四十来岁的中年男性，他正在办公桌前忙碌着。我走上前去，做了简短的自我介绍，递上名片，说明来意后，迅速地瞄了一眼放在角落的仪器，上面印着竞争对手公司的名字，然后我迅速地在心里搜索并分析了竞争对手和他们所使用的仪器的信息。做了些“闲谈”后，我询问他们对现在所使用的仪器是否满意、竞争对手的服务等情况，先是赞美他们有眼光，但同时也抓住了一个小空隙：竞争对手不能上门服务。我趁机说明了我们公司的服务质量，在“无意中”得到负责人的电话号码等信息后，我便询问最近是否有购买计划。得知没有购买需求后，我对负责人说以后如果需要校正、维修等服务，我们都是上门服务，校正免费，维修只收取零件费。

告别了客户，走出项目部后，我长长地舒了一口气，没想到自己能这么流畅地进行拜访，并且是第一次陌拜。

从那以后我信心大增，那天在完成了计划的同时又进行了4次陌拜，中间虽然有被拒绝，但依然感到了成就感。

（资料来源：百度文库）

讨论并分析：“我”陌拜成功的关键因素是什么？

技能训练

假设你是浙江云动力公司的一名业务员，意欲拜访浙江伟星股份有限公司，希望他们能够通过你所在的公司在谷歌、Facebook等社交媒体上投放广告。请搜集相关信息，为拜访客户做准备。

单元四 品尝宴会美食

学习目标

知识目标

1. 能够阐述中、西餐的座位安排。
2. 说明如何使用餐具，如何敬酒。

技能目标

1. 能够根据客人数量和风俗点菜。
2. 能够文明食用中餐、西餐以及自助餐。

素养目标

1. 培养良好的品尝美食的习惯。
2. 提升社交形象。

礼仪要点

文明，得体，优雅

建议学时

4 学时

自我设问

1. 商务餐的目的是什么？是充饥吗？
2. 和别人用餐时，我是否有让别人等待、自己晚到的行为？
3. 我是否热情地用自己的筷子为别人夹菜？
4. 我吃东西的时候是否还讲话？
5. 我是否有强迫别人喝酒的行为？

模块一　中餐宴请

礼仪小故事

跟加拿大老客户谈完业务以后，我们分两辆车前往酒店用餐。因为老板自己在自己的业务上也能讲英语，所以客户乘了老板的车子，而翻译乘的是另一辆车。

老板到了饭店以后，打算跟客户一起点菜，客户说："等翻译过来我们再点。"因为翻译在旁边基本上会给解释什么菜、怎么做、什么原料，让客户知道自己是否喜欢。

中国有句古话叫"民以食为天"，在这样一个有着悠久历史文化的国家里，饮食自然成为文化的一部分。对于商务人员来讲，商务用餐是在所难免的。在我国，一般的商务活动，大多会选择中餐。西餐有西餐的规则，中餐也有中餐的讲究。请有请的讲究、陪有陪的讲究、吃有吃的讲究。

一　座次礼仪

中餐宴请时，餐桌上的座位安排有讲究。座位安排的原则是"面门为尊，以右为尊，观景为佳、临墙为好、主副相对、主宾相间、夫妻一起、男女交叉"。"面门为尊"是指面对正门者为上座，背对正门者为下座；以右为尊是指根据国际惯例，主人右边的座位比主人左边地位高；"观景为佳"是指可从最佳角度观赏到室内、室外的景致；"临墙为好"是指一方面防止过往服务员或客人的干扰，另一方面由于墙壁有一些烘托餐厅气氛的字画可供欣赏；"主副相对"指如果有两位主人，第一主人面门而坐，第二主人背门而坐；"主宾相间"指如果宴请中有多位主人，那么主人和宾客间隔而坐；"夫妻一起"指如果有两夫妻一起参加宴席，那夫妻安排一起，不要分开坐；"男女交叉"排列则有助于提升吃饭的气氛。如图 4-3 所示。

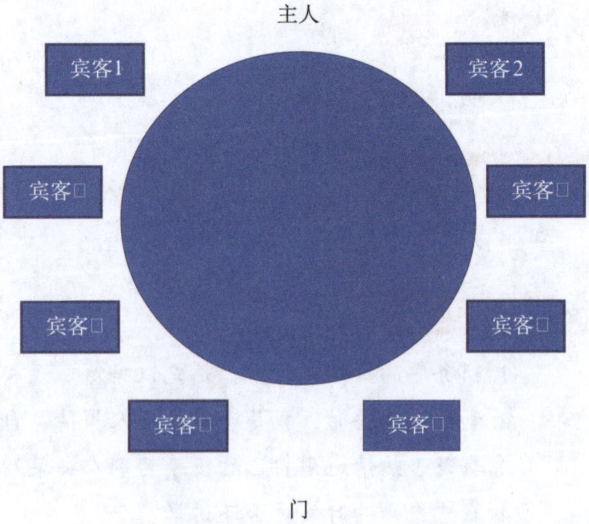

图 4-3　座次礼仪

二 巧妙点菜

在正规的中餐宴会上，点多少菜、点什么菜也有一定的讲究。

1. N+1

点菜一般遵循“N+1”的数量原则，“N”代表人数，点菜数量是人数加 1，这里的数量不包括冷菜在内。若是发现所点的菜不够吃，一定要及时补菜。并且需要注意的是，凉菜跟热菜之间的比例应该是 1∶3 或者 1∶4。

2. 点特色菜

所谓“十里不同风，百里不同俗”，不同的地方，风俗习惯不同，饮食习惯也不尽相同。中国老百姓有句话：“南甜、北咸、东辣、西酸。”客户到了不同的地方，总得尝尝当地的特色菜，尤其是蕴含典故的菜，品菜的同时也在品历史文化，更令人回味。

3. 点拿手菜

所谓拿手菜，肯定是饭店擅长做的，一般服务生也会推荐。

总之，为了客人吃得舒心，在点菜前问一下客户是否有什么忌口，以体现主人的体贴周全。

三 菜单制作

如果用餐人数较多，一般不建议当场点菜，最好在用餐前主办方先点好菜并制作一份菜单放在餐桌上，这样方便客户知道自己将会吃到哪些菜，并且如何安排自己的胃。如果是宴请外国客户，菜单应该有翻译，如图 4-4 所示。

图 4–4 菜单制作

四 进餐礼仪

1. 闭嘴吃

进餐时要闭嘴咀嚼，不要吧唧嘴，发出“叭叭”的声音，让边上的人听了极不舒服。口含食物时最好不要交谈。

2. 不乱吐

按照中餐的讲究，进嘴的东西尽量别吐出来。万不得已需要吐出来时，如鱼刺、骨头渣之类的，最好用手或者筷子取出来，但如变味腐败的东西，最好用餐巾挡一挡或者用手挡一挡，然后吐在自己的垫盘里，不能吐在桌子上，尤其不能吐在地上。

3. 不夹菜

有的人很热情，自己觉得口味不错的或者自己喜欢的菜品喜欢给左右邻座夹菜，实际上这是非常忌讳的行为。别人拒绝可能会伤害你的自尊心，但不拒绝，你的私人筷子实在是不卫生。即使使用公筷，你喜欢的别人未必喜欢，因此可以告诉对方你的感受，而不是强迫对方品尝。

五 敬酒礼仪

如果你是主人，先敬你右边的客人再敬左边的客人，然后顺时针方向敬酒。千万不要逆时针敬酒，一般追悼会才是逆时针敬酒。对于客人来说，最好先敬主人，感谢主人邀请，然后敬主人右边的客人和左边的客人，接下来就是顺时针方向敬酒。

模块二　西餐宴请

礼仪小故事

伦敦华人杰曾经陪一位北京的客人在伦敦的一家西餐馆吃饭，客人的餐桌风度给他留下了深刻的印象：他鲁莽地把刀和叉弄得叮当响，他旁若无人地大声说话，吸引了英国人不断朝我们这里张望。他把整块肉放在口中嚼着，而且还滔滔不绝地讲着自己的业绩，使得我担心他口中的食物时刻会喷在我的脸上。

“宴请”已经成了商务活动的重要方式，以至于社交意义上的早餐、午餐、晚餐的时间都被有效利用起来，而这些餐会宴请的真实目的不在于吃饭，而在于促成商务合作。因此餐桌上的举止是对一个人的礼仪和修养的最好考验。

一 主、宾责任

（一）主人的责任

1. 了解餐厅

如果你经常在午餐或晚餐时款待客人，那么挑选出几家餐馆成为固定的“回头客”将是合算的——这样你便清楚地知道自己可以对其抱有怎样的预期；反之，餐馆也可以了解你有怎样的特殊需求。

2. 选择餐桌

当你想要谈论商务时，要选择一个给予你最大限度隐私空间的桌子。决定你和你的客人分别坐在怎样的位置，并且避免那些不必要的干扰。比如，避免对着镜子，离厨房距离过近，或者是靠近厕所。

3. 提前付款

你不妨提前到达并把你的信用卡交给领班，并且交代他保留账单，等你用餐结束时再前去签名。这是处理账单的一个成熟老练的方法，现已被世界各地的高管们广泛使用——这样能够确保账单永远不会出现在饭桌上。

4. 引领

当你在入口处迎接你的客人或是你们一起走进时，应当在领班前停留片刻，让领班把你们引领到相应的位置上，客人紧随领班行走，而你要走在客人的后面。

如果你提前到达，在座位上等你的客人时，一定要告知领班届时带领你的客人到达你的桌位。（注意：客人到达前不要提前点饮料或是打开餐巾，你应当让客人看到一个崭新而又完整摆置的宴席。）

5. 上座

西餐中的上座是视野面向整个餐厅的位置。如果你是在座位上等待客人，客人到达时要起身问候，并且在客人坐定前保持优雅的站立姿态。客人入座时，要由领班为客人拉出座椅。当你和客人并肩走进时，要首先将客人引领到上座。

（二）宾客的责任

1. 介绍你自己

不要总是被动地等待他人注意到你的存在。作为客人你最好自我介绍，让大家认识你。尝试融入人群而不是只和你熟悉的人讲话。

2. 对主人表示感谢

宴请结束后的 24 小时内，趁着还保留着清晰的印象，给主人发送信息，以示感谢。

二 座位安排

两人。如果只有主人和客人两人，客人坐在主人的右斜角，面对大厅。这种方式显得更加友好，也更加方便交流。如图 4-5 所示。

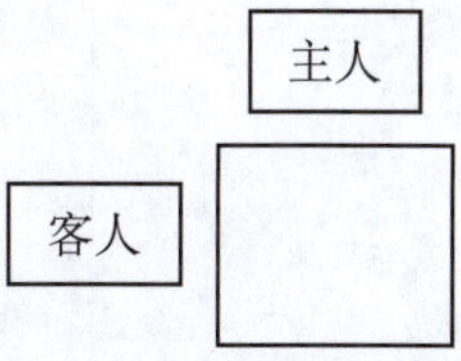

图 4–5 两人的座位安排

四人。如果有两位主人，两两对面而坐。主宾坐在第一主人的右边。如图 4-6 所示。

六人。主宾坐在主人的右边，副主宾坐在主人的左边，具体安排如图 4-7 所示。另外再考虑男女交叉排列。

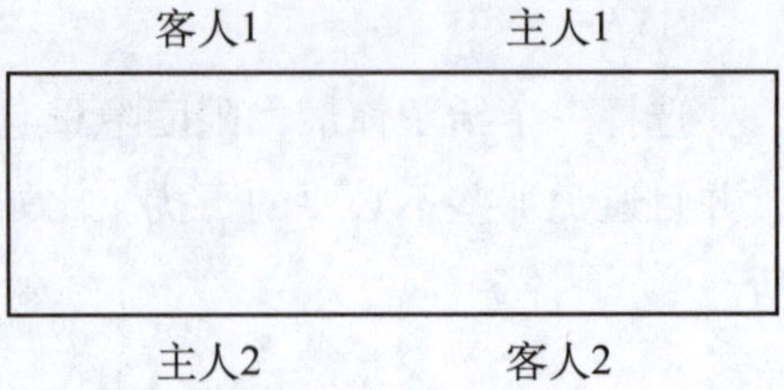

图 4-6　四人的座位安排

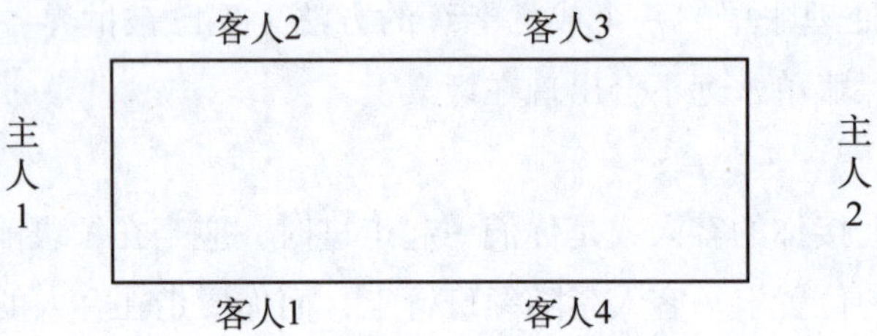

图 4-7　六人的座位安排

三　西餐的基本知识

（一）美式四道餐及餐具摆放

第一道：汤。

第二道：沙拉。

第三道：主餐。

第四道：甜点。

汤勺放在最右面，挨着主餐刀；沙拉叉放在主餐叉左边；主餐刀放在盘子右边，主餐叉放在盘子的左边；甜点叉和甜点勺放在盘子上边。如图 4-8 所示。

图 4-8　美式四道餐的餐具摆放

（二）欧式四道餐及餐具摆放

第一道：汤。

第二道：主餐。

第三道：沙拉。

第四道：甜点。

汤勺放在最右面，挨着主餐刀；主餐刀放在盘子右边，主餐叉放在盘子的左边；沙拉叉放在主餐叉右边，紧挨着盘子；甜点叉和甜点勺放在盘子上边。如图 4-9 所示。

图 4-9　欧式四道餐的餐具摆放

（三）六道餐及餐具摆放

六道餐的餐具摆放是很正式的，在这里也做简单介绍，以便增加对西餐的了解。

第一道：开胃菜。虾或是小片的素肝酱、鹅肝、鱼子酱等。

第二道：汤。

第三道：鱼。

第四道：主餐（肉）。

第五道：沙拉。

第六道：甜点。

用来吃开胃菜的叉子放在汤勺上。装饰盘的右边是 3 把刀，左边是三把叉，它们分别是吃鱼、主餐、沙拉用的刀和叉。如图 4-10 所示。

其他餐具：

放在中间的最大盘子叫作装饰盘。面包盘放在装饰盘的左上方，黄油刀横放在面包盘上，或是放在面包盘的右边；餐巾放在装饰盘的上面，玻璃杯放在装饰盘的右前方。

四 酒

在英国，“吃饭喝酒”是晚餐共同进行的活动。酒是西餐中最讲究的助餐物，不同的酒用不同的酒具。

图 4-10　六道餐的餐具摆放

在正式的西餐中，选配的酒都是葡萄酒，主要为红葡萄酒和白葡萄酒。酒菜应当相互配合，大部分情况是白肉（鱼、鸡）配白葡萄酒，红肉（牛肉、羊肉、猪肉）配红葡萄酒。其原因是红葡萄酒的浓厚与红肉的味重相互搭配，而白葡萄酒的清淡与味淡的白肉相互搭配。虽然这并不是绝对的，但西方人大部分遵循这个酒与餐互相搭配的原则。

白葡萄酒可以配：鱼、海鲜、鸡肉。

红葡萄酒可以配：牛肉、羊肉、猪肉、意大利粉。

1. 品酒

一般情况下，侍者会先拿酒向你展示商标，然后打开瓶盖，倒入酒杯少许让客人先品尝，品尝者会点头表示“好酒”，然后侍者依序为客人斟酒。一般情况下，酒只倒满酒杯的三分之二。

2. 祝酒

主人一般要祝酒两次，第一次祝酒在用餐开始前，主人起身举杯表示欢迎每一位客人的光临，此时所有客人都应共同干杯。如果客人不多，主人可以坐着祝酒。

第二次祝酒是为贵宾，一般是在上甜品的时候提议敬酒，就他的成功、彼此间的商务友谊或是其他特殊原因向贵宾致谢。除了被敬酒的贵宾本人外，主人和在座的每位客人都应该干杯并一饮而尽。

当主人敬完贵宾后，贵宾应站起来回敬主人，向主人致谢，感谢主人的慷慨大方和亲切友好，最后说“请让我们一起为主人（某某）举杯”。

五 餐巾和餐具的使用

（一）餐巾的使用

等主人拿起餐巾后客人再拿起餐巾。西餐巾应该对折成长方形或者三角形，平放在大腿上，开口朝外，折线朝自己。记住，千万不要放在脖子上。

用餐巾擦嘴时，用手指拿起开口处的边角轻揩，而不要团成一团或者用力抹擦，更不要用它擦脸、擦桌子。

用餐期间离开座位，将餐巾留在椅子上，表示中途离开，很快返回。

主人拿起餐巾放到桌子上，表示用餐完毕，客人也应该跟随主人结束用餐。

（二）餐具的使用

1. 汤勺

握汤勺的方式和握铅笔是一样的：将勺柄放在大拇指和食指之间，中指抵住勺柄的下方，由内往外舀汤。喝汤时要从勺子的边上小口抿，吃到快见底时可以将碗由内往外倾斜，这样能够把最后的少量舀起来。吃完后，把汤勺放置在 10:20 的位置，表明“我吃完了”。

2. 刀叉

左手拿叉，右手拿刀。餐桌上的餐具从外向内使用。吃多少，切多少，不要预先把全部食物都切好。中途离席，刀叉呈倒“V”字摆放，完成进餐时，叉和刀并排放在盘子上，呈 10:20 的位置，即刀尖和叉尖朝 10 点的方向，刀柄和叉柄朝 4 点钟的方向。

3. 酒杯

如果杯子不是很大，最好手持杯柄，不要把手指放在杯身上，更不要用手掌握住杯身。

祝酒后给对方一个眼神，以示尊重。

六 各种食物的吃法

培根：通常用刀和叉子进食，只有很脆的培根可以用手指拿着吃。

面包：每次撕一小口，然后涂上黄油再吃。抹黄油的动作要在盘子里完成，切忌悬空进行。

带骨肉：小块的带骨肉，如小鹌鹑、青蛙腿，可以用手拿着吃。

蛋糕：如果蛋糕很小且不黏，可以用手指直接拿起来吃，否则请用叉子。如果餐后甜点是冰激凌，就要用叉子和勺子。

鸡肉和鸭肉：用刀叉吃，炸鸡只有在野餐或者家庭聚会时才可以用手抓着吃。

意大利面：用叉子分开几根面条，用叉子卷起来吃。

比萨饼：用手拿宽的一头直接送到嘴里，或者用刀叉切成小块，再用叉子一块一块地吃。

沙拉：用叉子吃。大的部分应该用刀切成小块，沙拉如果当成单独的一道菜肴端上桌，则应该用刀和叉子吃。

模块三　自助餐礼仪

礼仪小故事

晚上5:00，某家自助餐厅开始营业，在外久等的顾客在服务员的安排下依序而入。取菜时，一顾客说："怎么虾这么快就没了？"我和孩子在一桌子坐下，只见邻桌母女摆了满满的两盘虾。不过，她们结束用餐时，两盘虾倒没剩下一只。

一　排队取菜

用餐者须自觉维护公共秩序，讲究先来后到，排队选用食物。取菜前先准备好一只食盘，轮到自己取菜时应用公用的餐具且将食物放入自己的食盘内，最忌直接用手或者自己的餐具取菜。不要在繁多的食物前犹豫不决，让身后的人久等，尤其当用餐者排队较长的时候，最好先取少量离开。

二　循序取菜

取菜跟排队一样，也有先后顺序。自助餐取菜时应该按照西餐的顺序，那就是吃一道取一道，依次应当为：冷菜、汤、热菜、点心、甜点、水果、咖啡。因此，每次取菜时最好取一道，不要乱装一气，将各种菜肴盛在一起，导致五味杂陈，互相串味。

三　量力而行

在享用自助餐的时候，多吃是允许的，但浪费食物则绝对不允许。因此在自助餐上要遵守"多次少取"原则。"多次"是"多次取菜量力而行"，"少取"意为"每次控制取菜的量，避免浪费食物”。

四 严禁外带

经常吃自助餐的朋友应该知道，所有的自助餐都有一条不成文的规定，那就是自助餐只允许就餐者在用餐现场随便享用，但绝不允许对方在用餐后打包回家。还有就是自助餐强调用餐者以自助为主，所以用餐者理应善始善终，用餐结束后将餐具送到相应位置。

单元练习

课后思考

1. 西餐、中餐以及自助餐的座位安排有什么不同？
2. 中餐、西餐的点菜方式有什么不同？
3. 什么是敬酒不劝酒？
4. 自助餐有哪些讲究？
5. 要想优雅用餐，如何处理嘴巴里的软骨或鱼刺？

案例分析

有一次，国内著名礼仪专家金正昆教授在北京的一家五星级酒店开会，主办者告诉他说吃自助餐。他也挺高兴，因为自助餐省事。没想到，主办方提前没有安排好，那个地方同时接待了一个旅游团，结果最多只能容纳一百人的自助餐厅，却有五百人在同时就餐。金教授在那儿吃的东西是什么呢？一个鸡腿和一个西红柿，这就是他在那天的自助餐上吃到的全部东西。鸡腿还是一个工作人员友好地照顾给他的。

讨论并分析：这个案例告诉我们什么？

技能训练

下周一将有五位西班牙客户来你所在的公司商谈业务，当晚，公司将宴请客户。假设你是此次宴请的负责人，以小组为单位，写出你的安排计划，并在全班分享。

五、内外兼修篇

·单元一　修炼礼仪形象

·单元二　修炼君子品德

单元一　修炼礼仪形象

学习目标

知识目标

1. 阐述修炼的几种途径。
2. 阐述两位电影人物改造前后的变化。

技能目标

1. 能够发现榜样并多加模仿。
2. 能够坚持有针对性地改造自己的形象。

素养目标

1. 养成一贯修炼的恒心。
2. 培养自律的决心。

礼仪要点

榜样，细节，修炼，恒心，习惯

建议学时

2 学时

自我设问

1. 当边上没人时我会注重自我形象吗?
2. 我自律吗?
3. 我有哪些良好的习惯?
4. 我是一个大大咧咧的人还是留心细节的人?
5. 我身边有谁很值得我学习吗?

礼仪小故事

20 世纪 90 年代，有一个朋友去德国旅行，看见一位老先生站在街头准备过马路，这个红灯特别长，街上没有一辆车。在德国的这几天，他不止一次看到这样的镜头，不禁上前与老先生攀谈起来。他问："如果实在是赶时间，咱们就走过去，这样既不影响交通，也不会有什么危险，不是吗？"那位老人回答："先生，你能确定在对面大楼的某一扇窗里，没有一双孩子的眼睛在看我们吗？"

修炼是一个永恒的话题。

电影《风月俏佳人》向我们展示了一个风尘站街女蜕变成一个社交名媛的故事；《公主日记》则为我们讲述了一个乖乖学生妹修炼成高贵公主的故事；《窈窕淑女》也是"修炼"题材中的一部经典影片，卖花女在声音老师的训练下，最终拥有了出色的谈吐、优雅的举止，步入社会上流阶层。国产片《窈窕绅士》也可谓是"修炼"的经典，由孙红雷扮演的曾天高通过吴佳倩的悉心改造与训练，最终蜕变成彬彬有礼、内外兼修的绅士。

下面以《公主日记》《窈窕绅士》为例，阐述两位主人公是如何修炼，实现蜕变的。

电影《公主日记》讲述的是女王如何把一位普通的高中生改造成公主的故事。

主人公米娅是一位极其普通的女孩，像所有内向的人一样，自卑到极点。渴望爱情，但没人理睬；上台演讲支支吾吾；不敢讲话，甚至想呕吐；大合唱时把前排让给同学，只是滥竽充数没有表情；同学表演，她只会敲敲鼓，为其他同学鼓鼓掌；上棒球课把球投到老师脸上；足球课上，同学们把球踢向不会守门的她。同学们经常欺负她，不分场合嘲笑她，实在是平凡得如同尘埃，连老师也没能给她应有的关爱，就连她的名字都没被记住。

受到女王奶奶的召见后，这是她第一次见奶奶的言行举止：践踏草坪被警告，随意把书包扔在地上，乱摸桌上的摆设品。初次见到米娅，奶奶实在是找不到贴切的褒义词来赞美米娅，于是只能用"年轻"两字来替代，可米娅不懂赞美，只用"干净"两字来回复；她把女王赠送的礼物——国徽随意塞进书包，在花园喝茶时用茶匙敲杯子，说话粗鲁，如"闭嘴"之类的言辞脱口而出。

她根本不符合一个公主应有的形象，于是奶奶给她进行了一系列的改造：

专门请形象设计师把她的卷毛变成一头秀发，脱去宽边眼镜，露出一双明亮的眼睛，修剪杂乱浓密的眉毛，脱去各种戒指，洗掉多彩的指甲油，换上得体的服装。女王亲自给她训练仪态，走路要求轻盈优雅、肩膀放松、感觉个子往上拔，双腿并拢，斜放或者一前一后，不能架腿，双手交叠放于膝上，用丝巾练习西餐礼仪中的坐姿，另外还要求她大量阅读……

经过一番改造，她的衣着打扮、言行举止都发生了彻底的改变，俨然脱胎换骨，成功蜕变成了气质优雅、美丽高贵的公主，真可谓是丑小鸭变白天鹅。

再来看看电影《窈窕绅士》中的曾天高的蜕变。

电梯里，曾天高夹着黑色的公文包，戴着很粗的金项链，高昂着头，一副唯我独尊的样子；随地吐痰、随意抽烟，自以为是。慈善晚会上，一身白色西装、一顶鸭舌帽、一副黑色墨镜，金手表、金手链、金戒指、佛珠手环，俨然是暴发户的模样。自己胡乱插队却说对方胡搅蛮缠；初次见面，却向芳娜刨根问底、打听隐私，虽然富得冒油，但表现粗鲁，令人唾弃。

吴佳倩针对曾天高的种种陋习、生活特点、性格缺陷等，从服饰着装、行为举止、待人接物等方面进行训练。从基本的站、坐、行、蹲，到目光、表情、手势的运用再到煮咖啡、打高尔夫球、听音乐、学英语等，慢慢地，曾天高开始改变。

再次出现在社交场合的曾天高，穿着得体、举止斯文、谈吐文明、学识丰富，原先狂妄的姿态荡然无存，很快吸引了媒体的目光，赢得了芳娜小姐的喜爱，真可谓是麻雀变凤凰。

修炼礼仪形象需注意以下几点：

一 向榜样学习

凡是看过电影《绿皮书》的人肯定都对音乐大师唐的优雅形象留下深刻印象：他衣着精致、为人绅士，有着高雅的艺术素养和思想情怀，即便遭到歧视，仍然彬彬有礼，坚持有素养、有品格地维护个人尊严。托尼大口吃饭，吧唧嘴巴，开车抽烟，随手扔烟蒂，路边小便，即便穿着西装打着领带，也是歪歪斜斜的；跟唐相处了两个月后，显然，他的西装穿得有味道了，说话温柔了，用词文明了，举止也文雅了，再也不是原来的一介莽夫，真可谓是“润物细无声”。

我们之所以要做有修养、优雅的人，不是装模作样给别人看，而是因为这样可以让自己变得更好。

二 养成习惯

“习惯成自然”是习惯养成的最高境界，不会让人觉得累，就像喝水、睡觉一样。心理学研究指出，一项看似简单的行动，如果能够坚持重复 21 天以上，就会形成习惯；如果坚持重复 90 天以上，就会形成稳定习惯；如果能够坚持重复 365 天以上，想改变都很困难。

案例分享

在印度和泰国，驯象人在大象还是小象的时候，就用一条铁链将它绑在水泥柱或钢柱上，无论小象怎么挣扎都无法挣脱。小象渐渐习惯了不挣扎，直到长成了大象，可以轻而易举地挣脱链子时，也不再挣扎，因为它已经习惯了。

陶行知曾经说：“积千累万，不如养个好习惯。”但是从米娅多次想放弃皇家礼仪训练，吴佳倩使用辣气剂、戒烟手镯等惩罚手段惩罚曾天高中，我们看到了礼仪训练的艰苦、习惯养成的不易。

三 贵在坚持

其实，坚持只是一个很简单的词语，但它的寓意却不简单。它代表的是坚强的意志和坚韧不拔的耐性，是意志力的完美表现，也是一个持续的过程。正所谓“不积跬步，无以至千里；不积小流，无以成江海”。修炼也是如此，只有坚持不懈，才能积土成山，最终重新塑造自己。

贵在坚持的道理很简单，只是能够做到的人少之又少。在现实生活中，我们经常可以看到这样的人：他们在行动之初总是雄心勃勃，一副不达目的誓不罢休的模样。可是，当他们稍遇阻挠之时，其信心就立刻动摇起来，往往会半途而废，令之前的努力全都化为泡影。究其根本，还是因为缺乏坚韧不拔的毅力和决心。因此，无论做任何事情，只有全身心地投入其中，不畏艰苦，才能有所收获。“骐骥一跃，不能十步；驽马十驾，功在不舍。”只要能够坚持下来，就是成功。

修炼礼仪形象

单元练习

课后思考

1. 米娅改造前后发生了哪些方面的变化？
2. 曾天高改造前后发生了哪些方面的变化？
3. “不积跬步，无以至千里；不积小流，无以成江海”表达的是什么意思？
4. 多少天的坚持能够养成稳定的习惯？
5. 内涵的修炼跟外表形象有什么关系？

案例分析

赫本曾说："若要优美的嘴唇，就要讲亲切的话；若要可爱的眼睛，就要看到别人的好处；若要苗条的身材，就要把你的食物分享给饥饿的人；若要美丽的秀发，在于每天有孩子的手指穿过它；若要优雅的姿态，走路时要记住行人不只你一个。人之所以为人，是必须自我反省、自我成长；当你需要帮助的时候，你可以求助于自己的双手，你会发现自己的双手能解决很多难题，一只手用来帮助自己，另一只手用来帮助别人。"

思考并分析：这段话告诉我们什么道理？

技能训练

坚持改造自己并做记录，组员之间相互监督，以便养成修炼的习惯。

单元二 修炼君子品德

学习目标

知识目标

1. 阐述提升道德修养的重要性。
2. 阐述修炼君子品德的途径。

技能目标

1. 能够精读《论语》，并且运用于工作以及日常生活中。
2. 能够经常反省自己、批评自己。

素养目标

1. 养成不断修炼的习惯。
2. 培养坚持修炼的恒心。

礼仪要点

学思，自省，诚信，忠恕

建议学时

2 学时

自我设问

1. 我善于思考吗？
2. 我为人真诚吗？
3. 我会经常反省自己吗？
4. 我注重自己人格的修炼吗？
5. 我容易宽恕别人吗？

古人云，半部《论语》治天下，因此，在某种程度上，《论语》就是一部礼仪典范，它对人们的成长和社会活动的开展都大有裨益。

礼是儒家文化的核心内容之一。《论语》强调的礼，主要指的是礼法、礼乐，也包括礼仪的内容。礼的要害在于互相尊重、克制自我，礼尚往来、礼貌待人等已经成为中华民族文化的瑰宝，必须继承和发扬。它对于我们加强自身修养，养成良好习惯，建立和谐的人际关系，促进个人的发展具有十分积极的意义。

南怀瑾先生言："至于孔子学说与《论语》本书的价值，无论在任何时代、任何地区，对它的原文本意，只要不故加曲解，始终具有不可毁的不朽价值。"

《论语》很重视"君子"人格，该词的出现频率高达107次，分布于各章节，形象鲜明，其善道有志，厚德仁义，严谨治学，躬行实践，真可谓彬彬有礼、谦谦君子。

一 博学于文，约之以礼

孔子认为要成为君子，就必须具有广博的人文学识，而又能用礼来约束自己。

学习可以使人进步，使人睿智。有研究表明，新时代最有效的学习是改变行为的学习。虽然说学无止境，但面对浩瀚的知识海洋，我们也要有选择地学。

"学而时习之，不亦说乎。"孔子所说的"学问"既不是指文学水平高超，也不是指知识渊博，而是指做人做事的学问——做人到位，做事正确。南宋理学大师朱熹更点明个中意味，指出此处的学是"入道之门，积德之基"。

孔子还强调的是"学"之后的"行"。一门心思只学知识，而不想着如何让学到的知识先服务于自己，后服务于社会，造就的无疑是一些"闭门造车""纸上谈兵"的书呆子。这就需要在正确知识的引领下，更好地做人，更好地做事。

"学而不思则罔，思而不学则殆。"孔子觉得"学"应该与"思"兼行并重，不可有所偏废。"学"与"思"的结合，首先就是要在学习的过程中多思考，多问为什么。"学"与"思"的结合，还要做到在学习中能够融会贯通，闻一知十。多闻、多见固然重要，但更重要的是应把所闻、所见的知识贯通起来。

社会上常有学问渊博、拥有极高学历的人却做出一些不合乎道德、不合乎礼仪的事，究其原因就在于他们没有"约之以礼"。

《礼记》上说："凡人之所以为人者，礼仪也。"这就要求我们在社会上应以礼行事。

孔子说"不学礼，无以立"，也表达了同样的观点，一个人如果不学习礼的规范，不用礼来约束自己，在社会上就没有立足之地。君子要达到"不违大道"的境界，就应该用"礼"来约束自己的言行，提高自身的修养，完善自己的人格。

《论语》中说：君子以道义作为做人的根本，依照礼仪来实行它，以谦逊的言语来说出它，凭诚实的态度来完成它。其中，道义、谦逊、诚信都可谓做人之重要品性，都可谓长期践行才能养成的君子性情，而唯有礼仪似乎是一条界线，或者说是基本准则，从礼字入手，依礼而行，才能真正走在通往君子的路上。

持之以恒，反复磨砺，不断修炼自己的人格，做谦谦君子。

二 远离巧言令色

巧言令色就是利用花言巧语去迷惑、取悦他人的行径。那些“巧言令色”之人，善于察言观色，见机行事，八面玲珑，讨人喜欢。但是如果从动机上分析，这种行为带有一定的欺骗性，多半是小人未达到不可告人的目的而做出来的。作为智者，孔子对这种行为有着深刻的认识，因此提出了“巧言令色，鲜矣仁”的观点。

那些“巧言令色”之人，总会巧妙地给自己穿上一套华丽的外装，用以迷惑他人。不管是为了博取上司欢心以谋升职的机会，还是为了讨取同事的支持和帮助，抑或是哄得亲友高兴满足自己的虚荣心，他们都会将这些华而不实的东西拿出来掩人耳目。这些人阳奉阴违，当面一套背后一套。在他们花言巧语、和颜悦色的背后，往往隐藏着贪婪自私的心和肮脏卑劣的灵魂。

花言巧语没好人，这个道理谁都懂，可是这种人照样在社会上大行其道，是什么原因呢？花言巧语之所以大受欢迎，是因为它能满足人们的心理需要。事实上，每个人都喜欢听好话，喜欢被别人赞美、夸奖和奉承，只是各自喜好的程度不同而已。比如，有些做领导的人，就喜欢自己的下属拍马屁，下属拍得越响他们就越舒服。倘若有哪个下属说话有些直接或是有点儿不顺耳，轻者给人家“穿小鞋”，重者会动人家饭碗。也正因如此，说真话的人越来越少，说漂亮话、谎话的人越来越多。其实，出现这种状况也是在所难免的，毕竟谁都喜欢好的东西，这也是每个人都有的弱点。正是这种人性弱点，才为巧言令色者的生存提供了肥沃的土壤。当然，在与他人交往时，没有一副好口才是不行的。但是，好口才与巧言令色不同。好口才是一种据理力争，所列观点都有理可依，其目的是辨明真理、说服他人、达成沟通与合作。无论内容还是目的，都是真实和善意的；而巧言令色只是利用花言巧语达到某种鲜为人知的目的罢了，这种行径根本就是虚伪和丑恶的。

孔子之所以痛斥花言巧语，一方面是因为他看到花言巧语的丑恶本质；另一方面则是那些听信花言巧语的人往往会上当受骗，进而遭受事业的挫败，造成严重的社会后果。

孔子此语，意在告诫他的弟子，无论是做人还是做事，都应真诚坦荡。要在言行上服从“真”“善”的准则，不去刻意地追求外在的装饰。利用花言巧语讨好别人，是无法修成完善人格的。同时，他期望弟子们努力提高个人修养，看清社会上的各色人等，更加合理地处理人际关系。

案例分享

春秋时期，齐桓公因管仲的忠谏直言称霸于诸国，晚年却因佞臣的巧言令色而不得善终。管仲在临死之前就曾告诫齐桓公道："易牙杀了自己的儿子，为人冷酷无情；开方背叛了自己的父母，其心叵测；竖刁甘受阉刑，私欲之心昭然若揭。此三人皆为不仁、不孝之徒，他们为了逢迎君主，可以说是无所不用其极，千万不能重用。"可是，他们的马屁拍得太到位了，齐桓公还是未听忠言任用了他们。结果，齐桓公刚死，三人便偕同公子姜无诡犯上作乱，将其尸体置于床上两月有余才装棺入殓。装殓之时，其尸身早已腐烂生蛆。而此后的齐国则陷入长期的内乱。

在现在的社会中，大家可能经常会碰到一些能说会道的人，在初次接触的时候，大家可能觉得他们很不错，觉得对方很会说话，而且分寸也把握得很好。但是，经过一段时间的相处，会发现对方只是嘴上功夫了得，若是论起实干，基本上就看不到他们的影子。这种人的行径就是巧言令色，与君子之为相差甚远。

三 少说多做

子曰："君子欲讷于言而敏于行。"

此语言简意赅，一语道破了为人处世的玄机，即少说话、多做事。在春秋时期，这句话就已成了当时智者行事的重要法宝之一，时至今日，依然是人们为人处世的重要准则之一。

讷于言，有两层含义，首先提醒我们少说话。当然，少说并不等于不说。若是一个正常人整天一句话不说，那就有点儿不正常了。但是，话说多了也不行，正所谓言多必失，祸从口出。其次，要求我们少说空话和大话，空话毫无意义，而说大话最终只能使自己成为别人的笑柄，就像纸上谈兵的赵括。孔子一向反对多言，并且一再告诫弟子们话应当少说。

少说话对于大家来说，尤其是对一些刚入职场的人们来说，更是一条好好生存下去的金科玉律。不该说的就不要说，想说的也要经过仔细斟酌后再说，这才是比较高明的交际手段。

孔子不仅强调"讷于言"，更强调"敏于行"。之所以如此，是因为孔子知道，说大话容易，做成事困难。许多事情，尤其是社会性事务，表面上看着简单，实际上却是千头万绪。而且，很多时候是有一利必有一弊，看起来是做了件好事，实际上可能会带来更大的隐患。再说，任何事物都处在时时变动之中，眼前有利，并不代表将来有利；对有些人有利，并不代表对社会大众有利。少说话，勤观察，理清头绪；重实践，多做事，识得轻重缓急，这才是正确的思路。

与人争论没有赢家，只会使事情更加糟糕。关于这一点，美国著名的成功学大师卡耐基有着深入的研究。他把“避免与人争论”列为说服他人的一项重要原则。他认为，一场辩论的结果会使辩论双方比以前更坚持他们的见解，更相信他们的绝对正确性。如果辩论输了，你是真的失败了；可是如果赢了，实际上还是输了。因为你辩论胜了对方，会使对方感觉到自卑，损伤了他的尊严，他会对你的胜利充满怨恨。况且，对方即使在口头上认输，但心里肯定是不会服气的。

在生活中，有些人不但反应快，口才也好。无论在何时何地，我们总能看到他们在高谈阔论，总在炫耀自己的才能有多么出众。倘若他们在生活中或工作中，与他人发生冲突或争辩，很可能会凭着自己的“辩才”无往而不胜。不管自己有理没理，只要让他们抓住了对方语言上的漏洞，就会展开大肆攻击，将对方辩到哑口无言。这种人若是放到辩论会上或是谈判桌上，也许是个人才。可是，人生不是一场辩论会，在日常生活和工作中如此“强势”，早晚是要吃亏的。

还有一些人，总觉得自己是真理的拥有者，喜欢与人争论不休。但是，他们却不知道，有些时候言辞也是很苍白无力的，它根本就不能说服他人改变立场，就算是口若悬河也无济于事。因此，作为一个聪明人，应该学会谨言慎行。

四 自我反省

自我反省是道德修养的一种方法，经常反省自己，可以去除心中的杂念，理性地看待自己，快速地改掉自己的缺点，完善自己的道德境界。

曾子在孔门中是最重修身的一个人，他通过“一日三省”之法，铸就了完美的人格。在曾子看来，反省是一种很好的修养手段，通过这种方法，人们可以找到自身的不足之处，并及时地加以改正，提升自身的思想修为和道德境界，在反思中不断完善自己的人格。

“吾日三省吾身”，这句话所体现出来的自律精神，是每一位有志之人都要学习的。尤其是在这个竞争激烈的时代，只有时刻不忘提高自己，才能站稳脚跟，获得一席之地。倘若做不到这一点，即使侥幸取得一时的成功，也未必能够在以后的风浪中挺下来。

一般情况下，若是让你找出别人身上的错误和缺点，你可能很快就能指出来，但若让你找出自己的缺点呢？还会那么容易吗？退一步说，即使知道了自己的缺点在哪里，又有多少人会舍弃自己的面子进行自我反省呢？

自我反省是困难的，但自我反省又是修成美德、提升智慧的必由之路。对于人们来说，自我反省就是一种从认识到实践，然后再从实践中汲取经验，进而提高认识和修正行为的过程。若是一个人不善于自我反省，就不会有真正的提高，就会一次又一次地在同一个地方跌倒。比如，在战国末年，六国相继被秦国所灭，其原因基本上如出一辙。引用苏洵的话便是“六国破灭，非兵不利，战不善，弊在赂秦”。倘若在韩国被灭时，其他五国及时反省，联合起来抵抗强秦，未必会丢了祖宗社稷。

“不慎而始，而祸其终”的道理，想必大家都明白。可是，若想一直保证自己的“不失”，似乎是件很困难的事情。为此，曾子给我们指了条明路，无论是做人、做事，还是做学问，每天都要进行反省。具体说来，就是每日反思三件事：第一，反思一下自己的工作，有没有竭尽全力，若是整天就想着如何偷懒，应付了事，就是不忠；第二，与朋友相处时，自己答应别人的事情有没有做到，做人最重要的就是守信，人无信而不立，倘若答应别人的事情没有做到，就是言而无信；第三，老师或前辈们所传授的做人、做事的方法，自己有没有进行实践和印证，做人、做事不能只在纸上谈兵，应当付诸实践，只有通过自身的感悟，才能不断地完善自己的人格。

在人的一生中，重要的不是你能做出什么伟大功业，而是能否战胜自己。战胜自己，就是促使自己内心向善力量的增长，去除心中的不良念头，塑造和重建自己的人格，而要做到这一点，没有自省是做不到的。自省的方法有很多，比如“慎独”和曾子的“三省吾身”，这两个方法都注重内在的感悟。

见贤思齐，是寻找一个进德修身的人生榜样；而见不贤内自省，则是找一个反面典型。以正面形象做指引，以反面教材做镜鉴，不失为自我修养的捷径。其实，一个人起点低并不可怕，可怕的是没有积极进取的精神；人有缺点或者过失也不可怕，可怕的是满身错误而不知。面对自己的种种不足或过失，如果我们能够正视它、改正它，就没有什么可担忧的了。正如希腊哲学家德谟克利特所说的：“对可耻行为的追悔就是对生命的拯救。”什么叫追悔，说白了就是正视自己的错误，进行自我反省。

但是，在现实生活中，有些人非但不能自省，还自欺欺人，觉得都是别人的过错，自己只是受到了牵连而已。对于这种人而言，他们很难会正视自己的错误，更不希望有人将他的缺点揭露出来。对于别人的批评，大多会采取文过饰非、无所谓的态度，这就像已经发现了堤坝上的裂缝却不修补，只是在上面涂上一点水泥将缝隙掩盖住。从表面上看，堤坝仍是完美无缺的，但在洪水猛烈的冲击下是坚持不了多久的。

古人云：人非圣贤，孰能无过。这个道理可能人人都懂，但在现实中却有一个知易行难的问题。也许有些人从发现自己的错误到承认错误，再到说出来都比较容易，可是若想让他改正却很困难。正确的做法是听从孔子的指导，如果发现自己犯错，首先就得承认自己的错误，其次是在内心深刻检讨，设法改正错误。

五 言而有信

“言而有信”是个诚信问题。与朋友或同事交往，若是答应了对方的请求，就要尽力去做。倘若能够做到则最好，即便是没有做到，只要你尽力了，也不会失信于人。大家都知道“人无信而不立”的道理，这也是与人交际的根本。尽心尽力地替人家做事，就是恪守诺言，忠人之事。若是表面上答应帮忙，背地里却另有一套，也没有丝毫的愧疚之心，这就是失信于人，是不道德的行为。

“先行其言而后从”的意思是说，君子应先做后说，不能眼高于顶。说得再好而不付诸行动，属于本末倒置的行为，这种人永远也成不了君子。这些人大多是些言语上的巨人、行动上的矮子，有点小成绩就沾沾自喜，进而说些大话、空话，最终一事无成。在孔子眼中，君子就是有德行的人、为学之人。他们会先将自己的想法付诸实践，等到自己成功之后，才会告诉别人自己当初的想法。有着这种先做后说的行为的人，就是实实在在的君子。

诚信的美德是在生活中培养起来的一种信念，需要从小事做起，从点点滴滴中积累。

案例分享

曾子作为孔子的得意弟子，在这方面做得就很不错。一天，曾子的妻子要去市场上买菜，他的儿子非要跟着过去，并且还哭闹起来，妻子没办法就哄孩子说回来后给他杀猪吃。待她从集市上回来后，曾子就真的去捉猪准备杀掉。妻子见状就阻拦道：“我只是跟孩子说说而已，当不得真！”但是，曾子为兑现妻子的承诺，坚持把猪杀掉了。这里，他用实际行动告诉人们应当谨守诺言，说到做到。

为了阐明诚信的意义，孔子打了个比方，说一个人如果不讲诚信，就像车子上没有輗和軏一样，只有一个空架子，根本就无法行进。

孔子认为，诚信可以为人们赢得良好的人际关系，帮助他走向成功。而能否兑现曾经许下的诺言，则是一个人是否讲信用的主要标志。当大家许下对别人的承诺时，很多人都会产生一种亏欠别人的心理。因此，当你要允诺别人某件事情的时候，一定要三思而行。对方若是没有得到你的许诺，心里就不会有希望，更不会毫无价值地等待下去，失望也就不会有了。你若是许下了承诺，就好比在对方的心里播下一颗希望的种子，指望着你能帮他实现自己的愿望。要是你能做到，自然是两全其美，可一旦你给他的希望落了空，那给对方带来的可就是最直接的打击，甚至对你产生怀疑，以后都不会再相信你了。其实，很多时候，有些事情并不是我们没机会去做或者没有能力做好，只是没有将自己的诺言当回事，用心去履行而已。这种轻诺寡信的行为，是为人处世时的大忌。

因此，在以后的生活中，我们不要轻易地向别人许诺，即便是自己能够做到的事情，也不能马上答应，一定得给自己留下回旋的余地。当然了，给自己留有余地并不是为自己的不努力找理由，只是事态的发展并非人力所能控制。若是你轻易地承诺下来，将会给自己接下来的行动增加难度。若是完不成，还会失信于人，成为一个言而无信的人。不管怎样，许诺不做，或者许下诺言而做不到，对自己来说都是极为可耻的。

六 交往有度

在子游看来，人与人之间太过亲密或是太过疏远都不是最好的。每个人都应有属于自己的私密空间，若是双方太过亲密，没有一点秘密空间的话，时间久了肯定会产生厌烦的情绪，对双方的发展都不利。若是双方过于疏远的话，就会慢慢冷淡，也不利于双方的交往。也就是说，双方只有在适当的距离内，才能奏响最和谐的乐章。

案例分享

冬天天气非常冷，有两只小刺猬躲在洞中。其中一只刺猬对同伴说："我们互相靠近一点，会暖和一些。"同伴觉得有道理，就靠了过去。可是，由于靠得太近，双方身上的刺刺到对方。为了取暖，它们没有轻言放弃，开始了又一次的尝试。这一次为了避免伤害到对方，它们就一点一点地向对方靠近。最后，他们终于找到了一个既能感觉到温暖，又刚好刺不到对方的距离，平安地度过了冬天。

人与人之间的相处，也像故事中的两只刺猬一样。双方离得远了，就想互相靠近找份依靠和温暖；而离得近了，又会在不经意间伤害到对方。无论是离得过远还是过近，都不是最完美的选择，除非你能找到那个最合适的距离。

我们都会有这样的经验：早年的好友同学，因为长期不来往，便生疏起来。有时会发现，原本非常要好的朋友因交往过密，会由于一些小摩擦反目成仇。这就是刺猬法则在生活中的具体体现。

之所以如此，是因为人们在交往中忽略了一个"度"的问题。子游说了两个方面的典型问题。首先，与君主关系过于密切，就会受到严重的侮辱。俗话说，伴君如伴虎，有道是"君意难测"，与君主来往过密，难免会了解甚至泄露国家秘密或者君主隐私，这些都是君主大忌。君主一旦翻脸，做臣子的难免受辱。比如，与乾隆皇帝关系最密切的莫过于和珅，在大臣中受辱最多的恐怕也是和珅。再者，有些人劝谏君主无休无止，很容易惹怒君主，招来逆鳞之祸。现在与领导相处，也必须要有度，千万不要把领导当哥们儿，否则，只会自取其辱。与领导交往，在注意度的同时，最关键的是要“知礼”，任何事情都不越礼。其次，子游强调了朋友之间的相处，指出朋友过于亲密，最终必然疏远。之所以会这样，关键在于亲密容易使人放松无忌，会在无意中触犯朋友的禁忌；来往过密必然了解较深，过于深入则会侵犯隐私。一旦犯了忌讳，或者对朋友的隐私缺乏应有的尊重，最后必然会不欢而散。因此，正确的相处之道是保持恰当的距离，尊重别人的隐私。不论对方与你的关系有多亲近，也要给对方留有私人空间。若是过度打探对方的隐私，很容易让人反感，进而产生疏远你的念头。最后，就是好好利用距离效应。在与他人交往时，应当与对方保持适当的距离，双方都留下一些神秘的空间，这对双方的交往很有利。

七 奉行忠恕

曾子曰：“夫子之道，忠恕而已矣。”

在孔子的眼中，忠恕之道既是一种沟通的原则，也是一种限制性的原则，而且，沟通是建立在限制原则的基础之上的。比如，孔子在后面提到“己所不欲，勿施于人”，以及“己欲立而立人，己欲达而达人”，体现的就是这种关系。

在过去，人们只要一谈到“忠”，大多会狭隘地理解为忠于君主或忠于国家。其实，“忠”更强调内心的真诚，并且其内涵也要丰富得多。某种程度上说，“忠”涉及我们生活中的方方面面。比如，与自己的家人和朋友相亲相爱，对自己的职业尽忠职守，对他人托付之事竭尽全力等，就是“忠”在感情、生活、事业等方面的体现。对此，可以简单地归结为一个人应尽的基本责任和义务。

至于“恕”，就是将心比心，己之所欲，推之于人；己所不欲，勿施于人。大家也可以简单地理解为成人之美和宽容。在一般情况下，对于自己亲近和尊敬的人，我们很容易关怀、宽容他们。可是，面对陌生或是自己憎恨的人时，还能做到宽容吗？若是还能做到，那就说明你已具备了“行仁”的资格。当然了，宽容并不是无限制的，它也是有底线的，否则无度的宽容就会演变成纵容，到时候再想收场就有难度了。

那么，具体怎样做才符合“忠恕之道”呢？在确定自己要做的事符合“仁”的原则后，不管是自己要做的，还是承诺别人的，都忠实于内心的想法，全心全意，竭尽全力做好；自己喜欢的，要考虑别人是否也会喜欢；自己讨厌的，要考虑别人是否也会讨厌，如此推而广之，运用到实际的人际交往之中，对他人善待、包容和宽恕，就是“忠恕”。

如果不能正确理解“忠恕之道”，在生活中可能会陷入困惑。若我们怀着一颗忠诚于事业的心，却无人赏识，这个时候还要不要忠呢？还有，倘若我们将心比心善待他人，却遭到对方无情中伤时，又该如何做呢？仔细观察就会发现，这两种心态都是特别重视别人的评价，这种想法不是“忠恕”。真正的“忠恕之道”重在内在的体验，强调“我这样做问心无愧就可以了，至于别人怎样说并不重要”。如果能正确理解“忠恕之道”就不会陷入迷茫。

单元练习

课后思考

1. 现如今，面对各种各样的线上、线下学习，你会如何安排自己的学习？
2. “君子欲讷于言而敏于行”传达的是什么意思？
3. “吾日三省吾身”，是指反省自己哪些方面？
4. 如何理解“己所不欲，勿施于人”？
5. 诚信意味着什么？

案例分析

在王安石推行青苗法时，苏轼就写了《山村》一诗，即：“杖藜里饭去匆匆，过眼青钱转手空。赢得儿童语音好，一年强半在城中。”诗的大意是老百姓得到了青苗钱后，就立即在城中过度消费。后来，他又作《秋日牡丹》一诗，其中有两句是“化工只欲呈新巧，不放闲花得少休”。被人看作借化工比执政，借闲花比小民，讽刺当朝的执政者，被人从湖州任上逮捕回京问罪。这就是后来著名的“乌台诗案”。

结合上面的案例分析，为什么才华绝世的苏轼，仕途一路坎坷、屡遭打击？

技能训练

根据课本的内容，再联系过往，结合实际，跟同学分享你打算如何修炼自己，提升内涵修养。

参考文献

REFERENCES

[1] 王旭．看电影学礼仪 [M]. 广州：广东南方日报出版社，2012.

[2] 赵亚琼，秦艳梅．职业形象与礼仪 [M]. 北京：北京理工大学出版社，2018.

[3]［加］英格丽·张．你的形象价值百万 [M]. 湖北：长江文艺出版社，2015.

[4] 殷亚敏．领导干部 21 天提升当众讲话魅力 [M]. 北京：机械工业出版社，2012.

[5] 思履，文若愚．论语·中庸·大学 [M]. 北京：北京联合出版公司，2015.

[6] 吕宁．《论语》中的礼仪规范 [M]. 北京：北京工业大学出版社，2016.

[7] 金正昆．商务礼仪 [M]. 北京：北京大学出版社，2005.

[8]［美］多丽丝·普瑟，张玲．商务礼仪 [M]. 北京：科学出版社，2017.

[9] 黄槟杰．哈佛大学礼仪公开课：提升形象的艺术 [M]. 北京：北京工业大学出版社，2018.

[10] 孙丽．人人都要懂得的职场礼仪 [M]. 北京：人民邮电出版社，2015.

[11] 王春．实用礼仪全精通 [M]. 北京：中国纺织出版社，2013.

[12] 刘芳．电影《杜拉拉升职记》的时尚话语分析 [J]. 电影评价，2011.

[13] 韩江峰．秘书手机微信礼仪 [J]. 秘书之友，2018.

[14] 汪连天．职场礼仪心得（之十五）会议礼仪 [J]. 工友，2010（03）.

[15] 张志平，陈惠春．握手的礼仪之道 [J]. 公关世界，2016（04）.

[16] 王琳．介绍礼仪之浅见 [J]. 中国校外教育，2014（05）.

[17] 张建宏．名片礼仪 [J]. 秘书，2010（04）.

[18] 佚名．礼仪漫谈之二：接待礼仪（上）[J]. 公关世界，2015（05）.

[19] 佚名．礼仪漫谈之二：接待礼仪（下）[J]. 公关世界，2015（06）.

[20] 张成莉．交际语境顺应视角下电影《当幸福来敲门》中 Chris 人物性格分析 [J]. 新余学院学报，2015（12）.

图书在版编目（CIP）数据

职业形象与礼仪 / 汪双飞编著. -- 北京 : 中国人民大学出版社, 2021.7

新编21世纪高等职业教育精品教材·通识课系列

ISBN 978-7-300-29518-3

Ⅰ. ①职… Ⅱ. ①汪… Ⅲ. ①个人–形象–设计–高等职业教育–教材 ②礼仪–高等职业教育–教材 Ⅳ. ①B834.3 ②K891.26

中国版本图书馆CIP数据核字(2021)第120318号

全国职业高等院校新形态教材

新编21世纪高等职业教育精品教材·通识课系列

职业形象与礼仪

汪双飞　编著

Zhiye Xingxiang yu Liyi

出版发行	中国人民大学出版社		
社　　址	北京中关村大街31号	**邮政编码**	100080
电　　话	010–62511242（总编室）		010–62511770（质管部）
	010–82501766（邮购部）		010–62514148（门市部）
	010–62515195（发行公司）		010–62515275（盗版举报）
网　　址	http://www.crup.com.cn		
经　　销	新华书店		
印　　刷	唐山玺诚印务有限公司		
开　　本	787 mm × 1092 mm　1/16	**版　　次**	2021年7月第1版
印　　张	11插页1	**印　　次**	2023年5月第2次印刷
字　　数	208 000	**定　　价**	39.80元